ŒUVRES COMPLÈTES
DE
EUGÈNE SCRIBE

DE L'ACADÉMIE FRANÇAISE

COMÉDIES
VAUDEVILLES

MADAME DE SAINTE-AGNÈS
AVENTURES ET VOYAGES DU PETIT JONAS
LES HÉRITIERS DE CRAC
LA FAMILLE DU BARON
LES ACTIONNAIRES

PARIS
E. DENTU, LIBRAIRE-ÉDITEUR
PALAIS-ROYAL, 17-19, GALERIE D'ORLÉANS

1881

Paris. — Soc. d'imp. P. DUPONT, 41, rue J.-J.-Rousseau. (Cl.) 163.7.81.

ŒUVRES COMPLÈTES

DE

EUGÈNE SCRIBE

DE L'ACADÉMIE FRANÇAISE

RÉSERVE DE TOUS DROITS

DE PROPRIÉTÉ LITTÉRAIRE

En France et à l'Étranger.

MADAME
DE SAINTE-AGNÈS

COMÉDIE-VAUDEVILLE EN UN ACTE

EN SOCIÉTÉ AVEC M. VARNER.

Théatre de S. A. R. Madame. — 20 Février 1829.

PERSONNAGES. ACTEURS.

M. DE SAINTE-AGNÈS, receveur-général . . . MM. NUMA.
M. D'HÉRISSEL, chef d'escadron, subrogé-tuteur
    d'Irène. DORMEUIL.
ANATOLE, cousin de M. d'Hérissel . . . . . . ALLAN.
UN DOMESTIQUE de M. de Sainte-Agnès . . . . BORDIER.

Mme DE SAINTE-AGNÈS. . . . . Mmes GRÉVEDON.
IRÈNE, nièce et pupille de M. et Mme de Sainte-
    Agnès . . . . DORMEUIL.

Auprès des Pyrénées, dans une ville où il y a des eaux minérales.

MADAME
DE SAINTE-AGNÈS

Un salon de la maison de M. de Sainte-Agnès. — Porte au fond : deux portes latérales. La porte à droite de l'acteur est celle de l'appartement de madame de Sainte-Agnès. A gauche, celle d'un cabinet. Auprès de cette porte, une table sur laquelle il y a un livre et une écritoire. Auprès de l'appartement de madame de Sainte-Agnès, une table de toilette.

SCÈNE PREMIÈRE.

D'HÉRISSEL, UN DOMESTIQUE.

D'HÉRISSEL, entrant par le fond.

M. de Sainte-Agnès, le receveur général ?

LE DOMESTIQUE, qui était auprès de la toilette, occupé à ranger.

Il est sorti, monsieur.

D'HÉRISSEL.

Et sa femme ?

LE DOMESTIQUE.

Madame n'est pas visible.

D'HÉRISSEL.

Dites-lui que c'est un ancien ami de son mari, qui, n'ayant que quelques heures à rester en cette ville, désire leur parler d'affaires de famille.

LE DOMESTIQUE.

J'y vais.

D'HÉRISSEL.

D'Hérissel, chef d'escadron.

LE DOMESTIQUE, qui était prêt de sortir, s'arrête.

C'est différent. Madame ne reçoit jamais de militaires, encore moins des chefs d'escadron.

D'HÉRISSEL.

Et qui reçoit-elle donc? Ne faut-il pas donner ma démission pour me faire présenter chez elle! (Voyant Irène qui sort du cabinet à gauche de l'acteur.) Laissez-nous, voici heureusement quelqu'un de connaissance... Ma chère Irène!

SCÈNE II.

D'HÉRISSEL, IRÈNE.

IRÈNE, courant à d'Hérissel.

M. d'Hérissel dans ce pays!

LE DOMESTIQUE, sortant.

Mademoiselle le connaît, c'est différent; je vais toujours en prévenir madame.

(Il entre dans l'appartement de madame de Sainte-Agnès.)

IRÈNE.

Est-ce pour moi que vous venez?

D'HÉRISSEL.

Oui, ma chère enfant, c'est-à-dire nous revenons d'Espagne; et, comme mon régiment passe quelques heures dans cette ville, j'ai voulu voir mes amis : Anatole, mon jeune cousin, qui y demeure depuis quelque temps ; et toi, surtout, qui es presque ma pupille, car je suis ton subrogé-tuteur.

IRÈNE.

Vous l'oubliez souvent.

D'HÉRISSEL.

C'est vrai ; mais je ne connais rien aux affaires, et celui qu'on t'a donné pour tuteur est un honnête homme qui les entend mieux que moi : M. de Sainte-Agnès, ton oncle, un ami d'enfance, un receveur général qui a l'habitude d'avoir les fonds des autres mêlés avec les siens, et qui ne se trompe jamais, ce qui est rare ; ainsi, je ne m'informerai pas de ta fortune, mais de ton bonheur. Es-tu contente ? t'amuses-tu ici ?

IRÈNE.

Pas beaucoup.

D'HÉRISSEL.

Oh ! cela veut dire que tu t'ennuies.

IRÈNE.

A la mort !

D'HÉRISSEL.

C'est étonnant ; ce devrait être une maison agréable. Sainte-Agnès est mon ancien camarade, et je me rappelle son humeur et son caractère ; il aimait la joie, les plaisirs.

IRÈNE.

Oui, mais mon oncle n'est pas le maître ; il s'est marié, sa femme le gronde quand on s'amuse.

D'HÉRISSEL.

C'est donc une vieille femme ?

IRÈNE.

Non, elle est jeune encore; mais elle ne reçoit que des gens graves et sérieux, et elle tient à ce que je sois toujours là, à côté d'elle. Le dessin, la danse, la musique sont des exercices qui me sont interdits ; mais, en revanche, nous avons des cours de morale, des conférences de morale et des assemblées de vieilles femmes où l'on dit du mal de tout le monde.

D'HÉRISSEL.

Quelle austérité ! C'est donc une...

IRÈNE.

Eh ! mon Dieu, oui.

D'HÉRISSEL.

AIR : Restez, restez, troupe jolie. (*Les Gardes-Marine.*)

Au portrait que tu viens de faire,
Soudain je l'avais deviné ;
Elle suit la marche ordinaire,
Et je n'en suis pas étonné ;
Car ces dames qui sur la danse
S'en vont lançant des interdits,
Classent du moins la médisance
Au nombre des plaisirs permis.

Et, d'après ce que je vois, tu n'es pas à la hauteur de ses principes.

IRÈNE.

Je n'en sais rien ; je tâche de ne pas faire de mal. Je remplis mes devoirs avec exactitude ; mais je vais au bal avec mon oncle quand l'occasion s'en présente, et au spectacle quand nous avons une troupe dans l'arrondissement.

D'HÉRISSEL.

Cela me paraît convenable. En ce cas, il faut, ma chère Irène, sortir de tutelle · il faut te marier.

IRÈNE.

Oh ! mon Dieu, mon ami, je ne demanderais pas mieux.

D'HÉRISSEL.

Eh bien ! cela me regarde. Je vais en parler à Sainte-Agnès, à sa femme.

IRÈNE.

Non vraiment.

D'HÉRISSEL.

Et pourquoi ?

IRÈNE.

C'est que déjà ils m'ont proposé plusieurs partis que j'ai tous refusés, pour des raisons que je ne puis vous dire ; si bien que maintenant ma tante est persuadée que je veux rester fille et entrer au couvent.

D'HÉRISSEL.

Au couvent !

IRÈNE.

Ce qui me fait beaucoup d'honneur à ses yeux. J'ai déjà reçu les compliments de félicitation de toute la société ; et maintenant, je ne sais comment faire pour leur déclarer...

D'HÉRISSEL.

Je m'en charge ; mais auparavant il faut avoir en moi une confiance entière, et m'expliquer pourquoi tu as déjà refusé les partis qu'on te proposait. Pour quelles raisons ? je te le demande.

IRÈNE.

J'aime mieux que vous ne me le demandiez pas.

D'HÉRISSEL.

Est-ce que ces prétendus avaient des défauts ?

IRÈNE.

Des défauts ! non, ils n'en avaient qu'un, ils avaient tous le même ; c'est que je ne les aimais pas.

D'HÉRISSEL.

Ce qui veut dire que peut-être tu en aimais un autre ?

IRÈNE.

J'en ai bien peur.

D'HÉRISSEL.

Et pourquoi donc ? ne suis-je point là, moi, ton subrogé-tuteur, ton second père ? j'ai voix délibérative au conseil de famille.

IRÈNE.

Oh ! non, j'en mourrais de honte.

D'HÉRISSEL.

Comment ! est-ce que ce choix serait indigne de toi ?

IRÈNE.

Oh ! mon Dieu, non ; de la naissance, de la fortune, un caractère charmant.

D'HÉRISSEL.

Il me semble alors qu'il n'y a pas d'obstacle ; car, à ce que je puis voir, celui-là n'est pas comme les autres prétendus ; il n'a pas le défaut dont nous parlions tout à l'heure ?

IRÈNE.

Hélas, non ! mais ce défaut-là, c'est moi qui l'ai à ses yeux.

D'HÉRISSEL.

Que dis-tu ? il ne t'aimerait pas ! ce n'est pas possible.

IRÈNE.

Il ne pense seulement pas à moi, et cependant nous nous voyons toute la journée ; car, à la suite d'une longue maladie, venant ici pour prendre les eaux, il s'est fait présenter chez M. de Sainte-Agnès qu'il avait connu autrefois à Paris.

D'HÉRISSEL.

Comment ! est-ce que ce serait ?...

IRÈNE.

Je vous en prie, ne m'en demandez pas davantage, et ne cherchez pas à le connaître ; je l'oublierai, je vous le jure.

AIR : Pour le trouver, j'arrive en Allemagne. (Yelva.)

Mais d'ici là, plus d'hyménée !
Surtout, pour moi, plus de couvent ;
Jugez, si j'y suis condamnée,
Combien le péril est plus grand :

Dans le monde, où je suis distraite,
Parfois, son souvenir m'a fui...
Mais seule, hélas !... seule, et dans la retraite,
J'y serais toujours avec lui...
S'il fallait vivre, hélas ! dans la retraite,
J'y serais toujours avec lui !

D'HÉRISSEL.

Pauvre enfant !... mais j'entends ce cher Sainte-Agnès.

IRÈNE.

Mon tuteur ! je vous laisse ; mais songez bien que c'est à vous seul que j'ai confié mon secret.

D'HÉRISSEL.

Sois tranquille, j'ai toujours gardé ceux des autres. (Irène rentre dans le cabinet à gauche.) Pour les miens, c'est différent, ils sont à moi, j'en fais ce que je veux.

SCÈNE III.

SAINTE-AGNÈS, D'HÉRISSEL.

D'HÉRISSEL.

Eh ! arrivez donc, monsieur le receveur général !

SAINTE-AGNÈS.

Ce cher d'Hérissel ! (Ils s'embrassent.) C'est par un officier de ton régiment que j'ai appris ton arrivée.

D'HÉRISSEL.

Embrassons-nous encore.

SAINTE-AGNÈS.

Volontiers. (Ils s'embrassent.) Quel plaisir de revoir un ancien ami !

D'HÉRISSEL.

Un compagnon de folies, qui a partagé toutes mes fredaines

SAINTE-AGNÈS.

Tais-toi donc !

D'HÉRISSEL.

Pourquoi cela ? est-ce que tu es devenu sage ? est-ce que tu n'aimes plus le plaisir ?

SAINTE-AGNÈS.

Au contraire, mon ami ; plus que jamais, d'autant mieux que maintenant il est si rare !

D'HÉRISSEL, à part.

Ce qu'on m'a dit est donc vrai ? (Haut.) Et ta femme...

SAINTE-AGNÈS.

Parle plus bas. Oui, mon ami, j'ai une femme admirable, que j'estime, que j'ai épousée par inclination, car elle est fort bien ; et puis une vertu terrible.

D'HÉRISSEL.

Je t'en fais mon compliment.

SAINTE-AGNÈS.

Tu es bien bon.

D'HÉRISSEL.

Moi aussi, je me suis marié ; j'ai épousé la femme la plus aimable.

SAINTE-AGNÈS.

Ah ! que tu es heureux !

D'HÉRISSEL.

Dix-huit à vingt ans ; légère, étourdie, courant tous les plaisirs, les concerts, les bals, les spectacles, auxquels j'étais toujours obligé de la suivre.

SAINTE-AGNÈS.

Et tu te plains ! Dieu ! que je voudrais être à ta place !

D'HÉRISSEL.

Y penses-tu ?

SAINTE-AGNÈS.

Oui, mon ami, être heureux est, selon moi, l'essentiel en ménage; et jusqu'à présent j'ai trouvé dans le mien de la morale et des principes plus qu'il ne m'en fallait pour mon usage particulier. Mais pour du bonheur, je n'en ai point encore entendu parler.

D'HÉRISSEL.

Comment cela?

SAINTE-AGNÈS, regardant autour de lui.

Ma femme, qui, comme je te le dis, est une femme admirable, est d'une sévérité, d'un rigorisme, qui ne laisse rien passer. Elle m'aime bien, mais elle n'aime pas mes défauts, et comme mes défauts font une partie essentielle de moi-même, j'y tiens.

D'HÉRISSEL.

On tient à ce qu'on a.

SAINTE-AGNÈS.

AIR du vaudeville de *l'Homme vert*.

De tout elle se formalise;
Elle se fâche au moindre mot,
Et tous les jours me moralise :
Dimanche et fêtes, c'est mon lot.

D'HÉRISSEL.

Ta femme, en son zèle trop franche,
De ses droits me semble abuser;
Car il est dit que le dimanche
On doit au moins se reposer.

SAINTE-AGNÈS.

Et pour comble de malheur, elle est la perfection même; ce qui est désespérant, parce que la partie n'est pas égale. Elle m'accable de sa supériorité; et je donnerais tout au monde pour qu'elle eût besoin d'indulgence; ça me donnerait le droit d'en réclamer à mon tour. Mais le moyen de s'attaquer à une vertu aussi formidable! personne n'oserait.

D'HÉRISSEL.

Laisse donc!

SAINTE-AGNÈS.

Je voudrais bien t'y voir, toi qui parles!

D'HÉRISSEL.

Moi!

SAINTE-AGNÈS.

Essaie seulement; tu me feras plaisir.

D'HÉRISSEL.

Quelle folie! y penses-tu?

SAINTE-AGNÈS.

Voilà déjà que tu as peur!

D'HÉRISSEL.

Non, mais quand on ne reste que trois heures...

SAINTE-AGNÈS.

Pas davantage?

D'HÉRISSEL.

Eh! mon Dieu, oui; ce soir notre régiment se remet en marche.

SAINTE-AGNÈS.

Trois heures; c'est bien peu; mais c'est au moins le temps de déjeuner, et je t'invite.

D'HÉRISSEL.

Je ne demande pas mieux.

SAINTE-AGNÈS.

Pas ici, à cause de ma femme; ça nous gênerait, parce que le rigorisme et le vin de Champagne, cela va mal ensemble. Mais je cours réunir quelques amis qui seront charmés de te voir. Nous avons ici un de tes cousins, Anatole d'Hérissel, qui était malade, qui est venu prendre les eaux, et que nous voyons souvent.

D'HÉRISSEL.

Comment! ce serait lui?...

SAINTE-AGNÈS.

Quoi donc?

D'HÉRISSEL.

Non, rien.

SAINTE-AGNÈS.

Et nous ferons tous ensemble un petit déjeuner de garçons; tu sais, comme autrefois; c'était là le bon temps.

AIR : Amis, voici la riante semaine. (*Le Carnaval*.)

Doux souvenir, qu'un regret accompagne!
Le verre en main je trouvais le bonheur;
Je n'entendais gronder que le champagne,
Et ce bruit-là ne me faisait pas peur.
Quittant la table après maintes prouesses,
En chancelant, nous étions encor fiers...
Car nous n'avions, pour blâmer nos faiblesses,
Que des amis qui marchaient de travers.

Allons, viens vite.

(Il fait un pas pour sortir.)

D'HÉRISSEL, le retenant.

Un instant, j'ai à te parler d'affaires; d'Irène, notre pupille...

SAINTE-AGNÈS.

Une charmante enfant, que j'aime beaucoup; mais elle ne veut pas se marier; elle veut aller au couvent; et, dès qu'il s'agit de cette partie-là, c'est sa tante que cela regarde; chacun nos attributions.

D'HÉRISSEL.

Au contraire, c'est qu'elle ne s'en soucie pas.

SAINTE-AGNÈS.

Vraiment !

D'HÉRISSEL.

Il faut alors que tu déclares à ta femme...

SAINTE-AGNÈS.

Moi ! ah ! bien oui, si j'osais seulement lui en parler, elle serait contre moi d'une belle colère !

D'HÉRISSEL.

Elle ! avec ses principes !

SAINTE-AGNÈS.

Cela n'empêche pas ; au contraire, quand c'est à bonne intention, c'est permis. Trop heureux encore si j'en étais quitte à si bon marché ! mais quand elle se fâche contre moi, tu ne sais pas de quoi elle est capable.

D'HÉRISSEL.

Et de quoi donc ?

SAINTE-AGNÈS.

Elle me ferait aller à ses conférences de morale ; elle m'y ferait aller, mon ami ! tu ne la connais pas.

D'HÉRISSEL.

Et tu obéirais ?

SAINTE-AGNÈS.

Il le faut bien, parce que je l'aime, au fond.

AIR du *Ménage de garçon*.

Mais toi, qui n'as aucune entrave,
Aborde ce chapitre-là.

D'HÉRISSEL.

Je le veux bien : moi, je suis brave...
Après déjeuner l'on verra.

SAINTE-AGNÈS.

Non, crois-moi, commence par là.
Dans ma carrière conjugale,

J'ai l'usage, et j'y veux tenir,
De commencer par la morale,
Et de finir par le plaisir.

D'HÉRISSEL et SAINTE-AGNÈS

Oui, commençons par la morale,
Et puis après, tout au plaisir!

SAINTE-AGNÈS.

La voici. Je vais commander le déjeuner; tu viendras me rejoindre.

(Il sort par le fond.)

SCÈNE IV.

Mme DE SAINTE-AGNÈS, D'HÉRISSEL.

Mme DE SAINTE-AGNÈS, sortant de son appartement, à la cantonade.

Vous direz que je n'y suis pas. Je ne recevrai personne, que M. le recteur et ma marchande de modes. (Elle aperçoit d'Hérissel.) Un militaire!

D'HÉRISSEL.

D'Hérissel, un ami de votre mari.

Mme DE SAINTE-AGNÈS.

Je le connais beaucoup, de réputation.

D'HÉRISSEL.

Tant pis, car ma réputation n'est pas mon beau côté; franchement, je vaux mieux qu'elle, et votre mari a dû vous dire...

Mme DE SAINTE-AGNÈS.

Oui, monsieur, il m'a souvent parlé de vos anciennes liaisons; et cela prouve combien, dans sa jeunesse, on doit mettre de sollicitude et de discernement dans le choix des premiers principes que l'on adopte, car l'on récolte plus tard selon qu'on a semé.

D'HÉRISSEL.

Il me semble que, pour votre mari, la récolte n'a pas été si mauvaise, une recette générale, quarante mille livres de rente, la réputation d'un homme de talent et d'un honnête homme...

Mme DE SAINTE-AGNÈS.

Ce n'est point cela, monsieur, dont j'ai voulu parler...

D'HÉRISSEL.

J'en parle, moi, parce que, certainement, c'est quelque chose dans la vie qu'une bonne maison, une bonne table, une jolie femme dont les grâces et la tournure...

Mme DE SAINTE-AGNÈS.

Monsieur, je n'ai pas l'habitude d'entendre de tels discours, et si vous continuez sur ce ton, je me retire.

D'HÉRISSEL.

Eh! non, madame, vous pouvez rester; votre pensée va plus loin et plus vite que la mienne; car le diable m'emporte...

Mme DE SAINTE-AGNÈS.

Encore, monsieur!

D'HÉRISSEL, se reprenant.

Eh bien! non; qu'il n'emporte personne, et restons tous les deux; car j'ai à vous parler d'une affaire importante, que j'aborderai sans préambule. Vous croyez que votre nièce veut aller au couvent.

Mme DE SAINTE-AGNÈS.

Si je le crois! oui, monsieur; et je l'aime trop pour ne pas me réjouir avec elle d'une résolution qui assure à jamais son bonheur, et qui l'honore à tous les yeux.

D'HÉRISSEL.

Je ne disputerai point là-dessus, parce que je n'y entends rien; quoique, dans mes idées, une épouse et une bonne mère de famille aient bien aussi leur côté honorable.

Mme DE SAINTE-AGNÈS.

Il n'y a rien qui le soit plus, monsieur, que de fuir le monde et ses dangers.

D'HÉRISSEL.

Oh! si vous parlez de dangers, c'est différent, je m'y connais; et nous pensons, nous autres militaires, qu'il y a plus de mérite à les braver qu'à les fuir; à rester sur le champ de bataille, qu'à s'en retirer; et ces idées-là, à ce qu'il paraît, sont aussi celles de ma jeune pupille. Je dois donc vous prévenir, madame, que vous vous trompez sur ses intentions.

Mme DE SAINTE-AGNÈS.

Non, monsieur, non, on ne se trompe pas sur une résolution aussi efficace. Tous nos amis y comptent; et quand une volonté est aussi prononcée que celle-là, on n'est plus maître de la changer.

D'HÉRISSEL.

C'est cependant ce qui arrivera, car ce matin, votre nièce me l'a dit positivement...

Mme DE SAINTE-AGNÈS.

Comment! elle oserait...

D'HÉRISSEL.

Au contraire, c'est qu'elle n'ose pas; et c'est pour cela que je me suis chargé de vous l'annoncer.

Mme DE SAINTE-AGNÈS.

C'est-à-dire que vous l'avez vue, que vous avez causé avec elle, et cela m'explique son changement d'idée. Il suffit du contact du monde et de ses maximes perverses pour détourner de la bonne voie les âmes les plus pures; et je ne m'étonne plus alors de cette absence de tout principe, de cette immoralité générale, dont nous gémissons tous les jours.

D'HÉRISSEL.

C'est bien de la bonté à vous, et de la commisération en pure perte, car notre siècle, que l'on vous peint si dépravé, est-il pire que ceux qui l'ont précédé? Y voit-on, comme autrefois, le lien conjugal publiquement outragé, le scandale en honneur et en habit brodé? Y voit-on, en un mot, les mœurs de la Régence? Non; le vice a cessé d'être de bon ton; on pratique l'amitié, les vertus domestiques, on ne rougit plus d'aimer sa femme, et même de se montrer avec elle.

AIR du vaudeville de la Robe et les Bottes.

Nous n'avons plus le luxe des maîtresses,
Nous n'avons plus le règne des boudoirs;
 On n'affiche plus ses faiblesses,
  Et l'on respecte ses devoirs...
Ou si parfois le vice les outrage,
 Il se cache... il craint d'être vu;
Et malgré lui, c'est un dernier hommage
  Qu'il rend encore à la vertu!

Mme DE SAINTE-AGNÈS.

Par malheur, dans cet éloge du siècle, vous n'avez oublié que le point principal, le plus essentiel de tous, la dévotion!

D'HÉRISSEL.

Eh! madame, jamais on n'en eut de plus véritable, de plus éclairée; non celle qui fait les hypocrites, mais celle qui fait les honnêtes gens; non celle qui veut la rigueur et l'intolérance, mais celle qui prêche l'union, la concorde et l'amour du prochain. Celle-là, madame, chacun la chérit et l'honore, chacun l'aime, car elle sait se rendre aimable, elle est facile, indulgente.

Mme DE SAINTE-AGNÈS.

Et c'est justement cette indulgence que je trouve coupable; c'est elle qui perdrait tout. On ne transige point avec le vice, et nous devons être sans pitié, même pour nous.

D'HÉRISSEL.

Oui, madame, mais pour les autres!... si vous êtes infaillible, ils ne le sont pas. Que votre vertu descende un peu à leur portée, qu'elle fasse concession à la fragilité humaine; car nous sommes faibles, sujets à l'erreur, et si l'indulgence est belle, c'est chez ceux qui, comme vous, madame, n'en ont pas besoin. J'ose donc croire que vous n'en voudrez pas à votre nièce de la confiance qu'elle a eue en moi, et que vous lui pardonnerez.

Mme DE SAINTE-AGNÈS, avec indignation.

Monsieur... (Avec froideur et dignité.) Je verrai; j'examinerai, avec des gens bien intentionnés, ce que je dois décider de ma nièce. Mais je croirais me manquer à moi-même, si je m'exposais plus longtemps à entendre de tels propos.

(Elle fait la révérence, et veut sortir.)

D'HÉRISSEL.

AIR : L'amour qu'Edmond a su me taire.

Non pas, madame, je vous laisse.
A déjeuner plus d'un ami m'attend;
De leur gaité pour tempérer l'ivresse,
   Je vais, à ce repas bruyant,
Faire parler la raison qui m'enflamme.

Mme DE SAINTE-AGNÈS.

Vous! la raison...

D'HÉRISSEL.

Ah! j'en puis dépenser;
Je suis en fonds... car, près de vous, madame,
En écoutant, je viens d'en amasser.
Oui, près de vous, en écoutant, madame,
Pour quelque temps je viens d'en amasser!

(Il sort par le fond.)

SCÈNE V.

Mme DE SAINTE-AGNÈS, seule.

Quelle immoralité! quel oubli de tous les principes! Il est vrai que les militaires... Mais aussi, comme nous le disions l'autre jour avec M. le recteur, pourquoi y a-t-il des militaires?

SCÈNE VI.

ANATOLE, Mme DE SAINTE-AGNÈS.

ANATOLE, à la cantonade.
Non, non, je ne peux pas aller avec toi; mais je te reverrai plus tard.

Mme DE SAINTE-AGNÈS.
C'est vous, monsieur Anatole; avec qui parliez-vous là?

ANATOLE.
Avec un de mes cousins que je viens d'embrasser, M. d'Hérissel.

Mme DE SAINTE-AGNÈS.
Comment! il serait possible? un pareil homme serait votre parent?

ANATOLE.
Oui, madame.

Mme DE SAINTE-AGNÈS.
Vous qui êtes si sage, si réservé! qui avez de si bonnes mœurs! Au surplus, ce n'est pas votre faute. Ce qui est du moins en votre pouvoir, c'est de ne pas le fréquenter, et j'espère bien...

ANATOLE.

Ah! soyez tranquille, et la preuve, c'est qu'il voulait m'emmener à un déjeuner de garçons que lui donne votre mari; j'ai bien mieux aimé venir causer avec vous; je dois déjà tant à vos conseils!

Mme DE SAINTE-AGNÈS.

En vous les donnant, je crois faire une bonne œuvre.

ANATOLE.

Oh! oui, madame.

Mme DE SAINTE-AGNÈS.

La jeunesse d'à présent est si dépravée, et l'âge mûr est si pervers!...

ANATOLE.

Les pauvres gens! il n'y a donc plus d'espoir pour eux?

Mme DE SAINTE-AGNÈS.

Heureusement; et pour ceux qui marchent dans la bonne voie, c'est une idée bien consolante.

ANATOLE.

Oh! sans doute; mais c'est justement cela qui m'effraie.

Mme DE SAINTE-AGNÈS.

Quand on n'a rien à se reprocher...

ANATOLE.

Mais c'est qu'au contraire, tous les jours, et à tous les moments, je me fais des reproches...

Mme DE SAINTE-AGNÈS.

Vous, monsieur Anatole; et sur quoi?

AIR : De ma Céline, amant modeste.

Achevez, ouvrez-moi votre âme.

ANATOLE.

J'ai peur...

Mme DE SAINTE-AGNÈS.
Vous semblez interdit.

ANATOLE.
De vous scandaliser, madame ;
Car peut-être, dans ce récit,
Il est certaines circonstances...

Mme DE SAINTE-AGNÈS.
Continuez, malgré cela :
Je saurai, de vos confidences,
N'entendre que ce qu'il faudra.

ANATOLE.
Eh bien ! vous répétez sans cesse qu'il faut fuir l'amour, et j'ai déjà aimé quelqu'un ; une première inclination...

Mme DE SAINTE-AGNÈS.
Comment ! monsieur.

ANATOLE.
Il faut bien commencer par une ; c'était Irène, votre nièce ; elle était si douce, si aimable ; j'étais décidé à me déclarer, lorsque vous m'avez appris qu'elle fuyait le monde et le mariage ; j'ai vu alors qu'il fallait y renoncer, et j'ai fait tout ce qu'il fallait pour l'oublier.

Mme DE SAINTE-AGNÈS.
C'était bien.

ANATOLE.
Eh ! non, madame ; ce fut bien pire ; car, à dix-huit ans, on ne peut pas vivre sans aimer ; et, malgré moi, ça m'est arrivé encore.

Mme DE SAINTE-AGNÈS.
Comment, monsieur, une seconde passion ?

ANATOLE.
Ah ! si vous la connaissiez !

AIR : Ainsi que vous, je veux, mademoiselle.

Vous approuveriez ma tendresse.

Mme DE SAINTE-AGNÈS.

L'aurais-je vue?

ANATOLE.

Oh! non, jamais.
L'esprit, la raison, la sagesse,
L'embellissent de mille attraits.
Sa vertu me semble admirable,
Je lui voue un culte assidu...
Et si je vous semble coupable,
C'est par amour pour la vertu.

Mme DE SAINTE-AGNÈS.

L'intention est bonne; et puisque vous êtes le maître de vous choisir une compagne, le mariage est un état qu'on peut rendre exemplaire.

ANATOLE.

Hélas! madame, celle que j'aime ne peut être ma femme.

Mme DE SAINTE-AGNÈS.

Pourquoi donc?

ANATOLE.

Elle n'est plus libre.

Mme DE SAINTE-AGNÈS.

Bonté divine! ah! c'est une chose affreuse!

ANATOLE.

Je le sais; mais le moyen de faire autrement?

Mme DE SAINTE-AGNÈS.

Il faut lutter contre cette passion coupable, vous éloigner du monde.

AIR : J'en guette un petit de mon âge. (*Les Scythes et les Amazones.*)

L'isolement rend les âmes plus pures.

ANATOLE.

A mon amour tout cela ne fait rien.

Mme DE SAINTE-AGNÈS.

Faites alors quelques bonnes lectures.

ANATOLE.
Pour l'oublier c'est un mauvais moyen.
De ces auteurs la morale est fort belle,
Mais ennuyeuse... et, malgré mes efforts,
    Lorsque je les lis, je m'endors,
    Et quand je dors, je rêve d'elle !

Aussi j'ai renoncé à résister, ça me donnait trop de peine; je m'abandonne à mon amour, sans but, sans calcul, comme un homme en délire; et si vos conseils ne viennent pas m'aider, c'est fait de moi, je suis perdu à jamais.

Mme DE SAINTE-AGNÈS.

C'est affreux! monsieur, c'est indigne! (A part.) On ne peut pourtant pas l'abandonner ainsi au désespoir. (Haut.) Je veux bien, par charité, vous aider de mes conseils; mais c'est à condition que vous ne me cacherez rien.

ANATOLE.

Eh! oui, madame.

Mme DE SAINTE-AGNÈS.

La personne dont vous me parlez connaît-elle votre amour?

ANATOLE.

Non, madame; plutôt mourir que lui en parler; je n'ai d'elle qu'un seul gage, un gage qui ne me quitte point, un bracelet qui lui appartenait.

Mme DE SAINTE-AGNÈS.

Et qu'elle vous a donné?

ANATOLE.

Non, madame, que j'ai pris sans le lui dire, et j'en ai fait faire un tout pareil, que je remettrai à la place dès que je le pourrai.

Mme DE SAINTE-AGNÈS.

Et vous osez avouer... remettez-moi ce bracelet sur-le-champ.

ANATOLE.

Oh! non, madame, je n'oserai jamais; ce serait la compromettre.

Mme DE SAINTE-AGNÈS.

Taisez-vous, voici ma nièce.

SCÈNE VII.

Les mêmes, IRÈNE, sortant du cabinet à gauche.

Mme DE SAINTE-AGNÈS, d'un ton sévère.

Que demandez-vous, mademoiselle? qu'est-ce qui vous amène ici?

IRÈNE.

Rien, ma tante; je venais vous dire qu'il est deux heures : c'est l'heure où ordinairement nous allons à votre conférence.

Mme DE SAINTE-AGNÈS, à part.

Et je l'avais oublié! (A Anatole.) Si vous le voulez, monsieur, vous pouvez nous y accompagner.

ANATOLE.

Ah! je suis trop heureux; je cours mettre un habit plus décent, et je suis à vos ordres.

AIR du quatuor de *La Reine de seize ans.*

Ensemble.

Mme DE SAINTE-AGNÈS.

Je vous permets de nous y suivre,
Et de nous y donner la main.
 (A part.)
Contre l'erreur dont il s'enivre,
C'est un remède souverain.

ANATOLE.

A quel espoir mon cœur se livre !
Ah ! pour moi quel heureux destin !
Il m'est permis de vous y suivre ;
Je reviens vous donner la main.

IRÈNE, à madame de Sainte-Agnès.

Quoi ! dans ce lieu, qui d'ennui m'épouvante,
Vous l'emmenez ?

Mme DE SAINTE-AGNÈS.

Eh ! vraiment oui.

IRÈNE, à part.

Pauvre jeune homme ! il paraît que ma tante
Est en colère contre lui.

Ensemble.

Mme DE SAINTE-AGNÈS.

Je vous permets de nous y suivre, etc.

ANATOLE.

A quel espoir mon cœur se livre, etc.

IRÈNE.

Lorsqu'en ces lieux il doit nous suivre,
Bien loin d'en paraître chagrin,
D'un doux espoir son cœur s'enivre,
Gaîment il nous offre la main.

(Anatole sort.)

SCÈNE VIII.

Mme DE SAINTE-AGNÈS, IRÈNE.

Mme DE SAINTE-AGNÈS.

Quant à vous, mademoiselle, j'aurai à vous parler. J'ai vu votre ami, votre conseiller. Dans un autre moment je vous dirai ce que j'en pense, car je ne veux pas me mettre en colère avant d'aller à ma conférence de morale.

IRÈNE.

Vous avez raison, ma tante ; tantôt, en revenant...

Mme DE SAINTE-AGNÈS.

Oui, mademoiselle, nous causerons de vos nouvelles intentions, qui me prouvent que, tout entière aux vanités du monde... Approchez-moi cette toilette.

IRÈNE, approchant la toilette.

Est-ce que vous n'êtes pas bien ainsi?

Mme DE SAINTE-AGNÈS.

Non, mademoiselle, il y aura beaucoup de monde à cette assemblée ; toutes les dames de la ville y seront en grande parure, et je ne veux pas que la simplicité de ma mise fixe sur moi les regards. Il ne faut jamais se faire remarquer.

(Elle s'assied devant la toilette.)

IRÈNE.

Oui, ma tante.

Mme DE SAINTE-AGNÈS.

Du reste, souvenez-vous qu'en pareil lieu, ce n'est pas l'éclat de la parure qui fait quelque chose, mais bien les sentiments qu'on y apporte. (Elle met du rouge.) Voilà un rouge qui ne tient pas du tout.

IRÈNE.

En voici d'autre.

Mme DE SAINTE-AGNÈS.

A la bonne heure. (Mettant du rouge qu'Irène vient de lui donner.) Car on est plus parée, mademoiselle, par la décence et la modestie que par les bijoux les plus précieux.

IRÈNE.

Oui, ma tante... voilà votre écrin.

Mme DE SAINTE-AGNÈS.

C'est bien ; ma chaîne ? (Irène lui donne une chaîne, que madame de Sainte-Agnès passe à son cou.) Mes bracelets ?

IRÈNE, regardant dans l'écrin.

Ah! mon Dieu! je n'en vois plus qu'un.

Mme DE SAINTE-AGNÈS.

Comment! qu'est-ce que cela veut dire! et qu'est-ce que l'autre est devenu?

IRÈNE, le cherchant dans le tiroir de la toilette.

Ne vous fâchez pas, ma tante.

Mme DE SAINTE-AGNÈS.

Eh bien! ce bracelet?

IRÈNE, cherchant toujours.

Mon Dieu, ma tante, je le sais maintenant, et je me le rappelle; c'est M. Anatole...

Mme DE SAINTE-AGNÈS.

M. Anatole!

IRÈNE.

Oui, l'autre jour, en examinant votre écrin, que j'étais occupée à serrer, il a cassé un chaînon à ce bracelet; il l'a pris en disant : « Mademoiselle Irène, n'en parlez pas; je vais le faire raccommoder, et je le remettrai sans qu'on s'en aperçoive. »

Mme DE SAINTE-AGNÈS.

Il serait possible!

IRÈNE.

Il paraît alors qu'il n'est pas fini, et que l'ouvrier l'aura fait attendre; mais on pourrait le lui demander.

Mme DE SAINTE-AGNÈS.

Du tout, mademoiselle; je vous défends de lui en parler; et je ne veux pas de ces parures; je ne veux plus les mettre. Serrez cet écrin sur-le-champ.

IRÈNE.

Mais, ma tante, qu'est-ce que vous avez donc? vous voilà toute troublée.

Mme DE SAINTE-AGNÈS.

Moi! eh! bien, par exemple...

IRÈNE.

Mais, oui, ma tante...

Mme DE SAINTE-AGNÈS.

Que voulez-vous dire, mademoiselle?

IRÈNE.

Je vous assure, ma tante...

Mme DE SAINTE-AGNÈS.

Et pourquoi serais-je troublée? quelle idée avez-vous?... Dieu! mon mari!...

SCÈNE IX.

IRÈNE, SAINTE-AGNÈS, Mme DE SAINTE-AGNES.

SAINTE-AGNÈS, entrant sans voir sa femme.

Eh! bien, ma chère nièce, que faisons-nous ce matin? Je suis en belle humeur; car rien ne dispose à la gaieté comme un bon déjeuner.

Mme DE SAINTE-AGNÈS.

Il est donc vrai, monsieur?

SAINTE-AGNÈS, à part.

Ah! mon Dieu! ma femme!... (Haut.) Eh bien! oui, je m'en accuse; j'ai déjeuné avec un ami, et si une bouteille de vin de Champagne est un crime, c'est un crime qui se passe si vite, surtout quand on est plusieurs à le partager...

Mme DE SAINTE-AGNÈS.

Vous ne faites pas attention, monsieur, que vous êtes devant des femmes, et cette extrême gaieté...

SAINTE-AGNÈS.

C'est juste.

AIR du vaudeville du *Piége.*

Oui, je l'avoue, à ce joyeux banquet,
Plus d'un convive a perdu l'équilibre;
Et j'ai peut-être entendu maint couplet
　　Dont la chute était un peu libre;
Mais du champagne enfin désabusé,
Pour retrouver la raison, la décence,
Je viens à vous...

(A part, à Irène.)
　　Quand on s'est amusé,
Il faut bien faire pénitence!

(A haute voix.)

Je suis chargé de vous offrir les hommages de mon ami d'Hérissel, qui est déjà reparti.

IRÈNE.

Sans nous dire adieu?

SAINTE-AGNÈS.

Son général l'a fait appeler, à son grand regret; (A Madame de Sainte-Agnès.) car je vous dirai, madame, qu'il a été ravi de votre conversation, qu'il vous trouve charmante.

Mme DE SAINTE-AGNÈS.

Vraiment!

SAINTE-AGNÈS.

Du moins il me l'a dit; et il m'a même avoué que, s'il était resté plus longtemps, il vous aurait fait la cour.

Mme DE SAINTE-AGNÈS.

A moi!

SAINTE-AGNÈS.

Voilà qui m'aurait amusé.

Mme DE SAINTE-AGNÈS.

Comment, monsieur!...

SAINTE-AGNÈS.

Du tout, ça m'aurait fâché, et beaucoup; mais, puisqu'il est parti, c'est un malheur.

Mme DE SAINTE-AGNÈS.

Encore, monsieur...

SAINTE-AGNÈS.

Mais vous ne m'entendez pas, je veux dire qu'on ne peut pas condamner les gens quand il n'y a pas commencement d'exécution. Si vous aviez été, comme moi, du jury, vous sauriez cela.

Mme DE SAINTE-AGNÈS.

Ce que je sais, monsieur, c'est que vous êtes, dans toutes vos actions, d'une inconséquence et d'une étourderie inexcusables.

SAINTE-AGNÈS.

Ne parlons pas d'étourderie, je vous en prie : car vous, madame, qui êtes si grave et si raisonnable, vous en commettez parfois; témoin ce joli souvenir où vous jetez vos pensées, et que je viens de trouver dans le jardin.

IRÈNE.

O ciel! vous l'avez parcouru?

SAINTE-AGNÈS.

AIR : Un homme pour faire un tableau. (*Les hasards de la guerre.*)

Le lire! non pas, s'il vous plaît;
Je croirais mériter le blâme,
En portant un œil indiscret
Sur les tablettes de madame.
Ma femme toujours, je le sais,
Sur la morale doit écrire;

(A part.)

Et, ma foi, j'en entends assez
Pour n'être pas tenté d'en lire!

(Irène prend le souvenir des mains de Sainte-Agnès.)

Mme DE SAINTE-AGNÈS.

Vous vous trompez; ce souvenir ne m'appartient pas.

SAINTE-AGNÈS.

J'ai vu, avant-hier, le petit Anatole qui vous en a fait cadeau devant moi, et vous l'avez accepté.

Mme DE SAINTE-AGNÈS.

Oui, monsieur; mais depuis j'en ai examiné les ornements qui avaient quelque chose de trop frivole; il y avait en outre des gravures d'après M. Girodet.

IRÈNE.

Diane et Endymion; et puis Galatée.

(Elle va serrer le petit souvenir dans le tiroir de la toilette.)

SAINTE-AGNÈS.

C'est là ce qui vous a scandalisée?

Mme DE SAINTE-AGNÈS.

Probablement; et je l'ai laissé à Irène, qui s'en est emparée.

SAINTE-AGNÈS, à demi-voix.

Vous avez bien fait; parce qu'une demoiselle, c'est plus convenable.

Mme DE SAINTE-AGNÈS, de même.

Monsieur...

SAINTE-AGNÈS, de même.

Je veux dire, madame, que tout dépend des idées; et comme elle n'en a pas...

Mme DE SAINTE-AGNÈS, de même.

Qu'est-ce à dire?

SAINTE-AGNÈS, de même.

Calmez-vous; cela lui viendra; vous lui en donnerez... (Haut.) Mais, grâce au ciel, voici Anatole qui vient à mon secours.

SCÈNE X.

LES MÊMES, ANATOLE, habillé en noir.

SAINTE-AGNÈS, allant au-devant d'Anatole qui entre par le fond.

Arrive donc, mon cher ami; car, si tu ne fais pas diversion en ma faveur, je suis battu sur tous les points.

ANATOLE, à madame de Sainte-Agnès.

Me voici à vos ordres, madame, et prêt à vous donner la main.

Mme DE SAINTE-AGNÈS.

C'est inutile, monsieur, j'ai changé d'idée; et nous n'irons pas...

IRÈNE.

Comment, ma tante, c'est vous qui refusez d'aller à votre conférence?

SAINTE-AGNÈS, avec intérêt.

Chère amie, est-ce que vous êtes malade?

Mme DE SAINTE-AGNÈS.

Du tout, monsieur, d'autres devoirs non moins essentiels me forcent à rester chez moi.

ANATOLE.

Je serai donc privé de l'honneur d'accompagner ces dames; et j'en suis désolé.

SAINTE-AGNÈS, bas à Anatole.

Laisse donc! tu en es enchanté.

ANATOLE.

Moi, monsieur?

SAINTE-AGNÈS.

Eh! oui, sans doute; tu me feras peut-être accroire que tu y vas pour ton plaisir?

ANATOLE.

Certainement.

SAINTE-AGNÈS.

Je comprends bien; parce que toutes les jolies femmes y sont; mais il ne faut pas t'en faire un mérite; car elles seraient au bal, que tu irais tout de même. Après cela, je ne t'en fais pas de reproches; j'en ferais autant.

Mme DE SAINTE-AGNÈS.

Comment, monsieur...

SAINTE-AGNÈS, *regardant sa femme.*

Non, non, je n'en ferais pas autant parce que je suis marié ; mais toi, à ton âge, et quand on est amoureux...

IRÈNE.

Amoureux, M. Anatole !... (A part.) Il serait vrai !

SAINTE-AGNÈS.

Parbleu ! ce n'est pas moi qu'on trompe. Depuis deux mois je m'en suis aperçu ; je ne sais pas de qui, mais il est triste, malheureux ; il paraît que c'est une inhumaine.

ANATOLE.

Hélas ! oui.

SAINTE-AGNÈS.

Et elle est bien difficile ; car certainement il est bien gentil, il est aimable, et moi, à coup sûr, si j'étais femme...

Mme DE SAINTE-AGNÈS.

Monsieur !...

SAINTE-AGNÈS.

C'est une supposition. Après cela, il est peut-être trop timide ; il n'ose pas, et c'est un tort, il faut oser...

Mme DE SAINTE-AGNÈS.

Quels principes ! quels indignes conseils !

SAINTE-AGNÈS.

Des conseils d'ami ; car que sait-on ? peut-être qu'il est aimé, et qu'on ne veut pas en convenir.

IRÈNE.

C'est possible.

SAINTE-AGNÈS.

Ça se voit tous les jours ; et qu'est-ce qu'on risque de se déclarer ? on sait à quoi s'en tenir, et on n'a plus qu'à se réjouir ou à se consoler.

Mme DE SAINTE-AGNÈS.

Monsieur !...

SAINTE-AGNÈS, à sa femme.

Eh bien! qu'avez-vous donc?

Mme DE SAINTE-AGNÈS.

Je dis, monsieur, que si justice était faite, vous mériteriez d'être puni.

ANATOLE.

Croyez, madame, que je suis loin d'approuver de tels principes.

SAINTE-AGNÈS, à part.

Est-il hypocrite!

Mme DE SAINTE-AGNÈS.

C'est trop de les avoir écoutés; je prie que dorénavant on me fasse grâce de pareils discours; c'est pour en être plus sûre, qu'aujourd'hui je ne verrai, ni ne recevrai personne.

ANATOLE.

Moi qui devais dîner chez vous!

Mme DE SAINTE-AGNÈS.

Vous êtes tout à fait libre; adieu.

(Elle sort par le fond.)

SAINTE-AGNÈS.

AIR du vaudeville de *Turenne*.

Elle s'en va, laissons-la faire :
Gaîment nous dînerons tous trois;
Et puis au spectacle, ma chère,
Nous nous rendrons en tapinois...
Pour moi quelle bonne journée!
Festin, spectacle, tour à tour...
Que de plaisirs en un seul jour!
Prenons-en pour toute l'année.

(Il prend Irène sous son bras, et sort en l'emmenant avec lui.)

SCÈNE XI.

ANATOLE, seul.

Il faut avouer que j'ai bien du malheur; à dix-huit ans passés, n'avoir encore été aimé de personne!... Je ne sais comment font les autres. C'est comme un fait exprès. J'ai distingué d'abord une jeune personne : elle veut aller au couvent... Je me mets à en adorer une autre : elle a un mari et des principes. Toujours des obstacles!... ce n'est pourtant pas faute de bonne volonté.

Air du vaudeville de l'Héritière.

>A l'aspect d'un joli visage,
>Mon cœur éprouve un feu secret;
>Mais bientôt je me décourage,
>Et vais, auprès d'un autre objet,
>Chercher l'accueil qu'il me faudrait;
>Et dans mes projets de tendresses,
>Plein d'un espoir toujours déçu,
>J'eus déjà plus de vingt maîtresses
>   Qui n'en ont jamais rien su!

Et cependant s'il se trouvait une femme au monde qui daignât faire attention à moi!... combien je l'aimerais! Mais non; jamais madame de Sainte-Agnès n'a été si sévère qu'aujourd'hui, jamais elle ne m'a plus maltraité. Hâtons-nous de remettre ce bracelet, que je lui ai dérobé; car si elle s'en apercevait, elle me chasserait de la maison, et j'en mourrais, je crois. (Pendant ce temps, il a ouvert le tiroir de la toilette et l'écrin, et a remis le bracelet.) Que vois-je! (Il prend le souvenir.) Ce souvenir qu'avant-hier je lui ai donné, et qui déjà est oublié, là, dans le fond d'un tiroir. (L'ouvrant.) Ah! mon Dieu! c'est mon nom; je ne me trompe pas; mon nom, à toutes les pages; et puis, des mots, des lignes entières qui ont été raturées! est-ce ennuyeux! on a toujours tant d'envie de lire ce qui est effacé! Voilà une page qui ne l'est pas ; ce sont des vers; lisons vite.

(Il lit.)

« Je voudrais lui parler, et nous voir seuls tous deux.
  « Je ne sais ce que je désire,
  « Je ne sais ce que je veux ;
« Mais lui, n'a-t-il rien à me dire ? »

C'est de moi qu'elle s'occupait, c'est à moi qu'elle pensait! je n'ose croire à tant de bonheur, et je cours me jeter à ses pieds. Oh! non, ce serait trop hardi; je n'oserais jamais. Mais du moins, je puis lui écrire; il le faut; M. de Sainte-Agnès a raison; j'étais trop timide, et je ne risque rien maintenant de lui dire que je l'aime.

(Il se met à la table, et écrit.)

SCÈNE XII.

Mme DE SAINTE-AGNÈS, ANATOLE, à table, et écrivant.

Mme DE SAINTE-AGNÈS.

Je ne puis me rendre compte de ce que j'éprouve. Je ne puis ni m'occuper, ni travailler, ni même rester en place ; je suis en colère contre tout le monde. Je le suis surtout contre moi-même... (Apercevant Anatole.) Ah! M. Anatole.

ANATOLE, à part.

C'est elle.

Mme DE SAINTE-AGNÈS, à part.

Je suis enchantée de le trouver ; je vais le traiter comme il le mérite.

ANATOLE, se levant et pliant la lettre.

Pardon, madame, je vous dérange.

Mme DE SAINTE-AGNÈS, sèchement.

En aucune façon. Je venais chercher ce livre ; (Désignant celui qui est sur la table.) c'est moi qui plutôt vous aurai troublé.

ANATOLE.

Non, madame; j'écrivais... je composais...

Mme DE SAINTE-AGNÈS.

Ah! monsieur fait des vers! il ne lui manquait que cela pour être universel.

ANATOLE, à part.

Dieu! qu'elle a l'air sévère! sans ce que je viens de lire, je ne croirais jamais... (Haut.) Du tout, madame; c'est tout uniment de la prose que j'adressais à une personne si bonne, si aimable...

Mme DE SAINTE-AGNÈS, avec ironie.

Ah! cette personne-là est aimable?

ANATOLE, la regardant.

C'est-à-dire, aimable, pas toujours; c'est celle dont je vous parlais ce matin.

Mme DE SAINTE-AGNÈS.

Il serait possible!

AIR : J'ai vu le Parnasse des dames. (*Rien de trop*.)

Dieu! quelle audace et quel délire!
Quoi! sans égard pour la vertu,
Vous, monsieur, vous osez écrire?...

ANATOLE.

Eh bien! oui, j'y suis résolu :
Pourquoi lui cacher ma tendresse?...
A quoi bon contraindre mes feux?
Je puis me passer de sagesse...

(Madame de Saint-Agnès fait un geste qui exprime sa colère.)

Celle que j'aime en a pour deux.

D'ailleurs, vous ne savez pas ce que je lui dis; ce sont peut-être des choses très raisonnables; vous pouvez en juger.

Mme DE SAINTE-AGNÈS, le repoussant fièrement.

Monsieur, quelle hardiesse!

ANATOLE.

J'aurais retranché ce qui vous aurait déplu, avant de la lui envoyer.

Mme DE SAINTE-AGNÈS.

La lui envoyer! vous auriez une pareille idée! vous osez penser qu'elle pourrait la recevoir, après ce que vous m'avez dit ce matin, que c'était la vertu, la sagesse, la perfection même!

ANATOLE.

Du tout, madame, je n'ai point dit qu'elle fût parfaite; elle a aussi des défauts; elle en a beaucoup.

Mme DE SAINTE-AGNÈS.

Comment, monsieur!...

ANATOLE.

Oui, madame; on ne sait jamais si elle vous aime ou si elle vous déteste; elle est d'une rigueur, d'une sévérité excessive; elle est capricieuse, bizarre...

Mme DE SAINTE-AGNÈS.

A merveille! il paraît que l'amour ne vous aveugle pas.

ANATOLE.

Ça n'y fait rien, madame; en eût-elle plus encore, ça ne m'empêcherait pas de l'adorer. On chérit les défauts de ceux qu'on aime; un seul regard fait oublier tous leurs torts; et dans ce moment même, s'il faut vous le dire, quoique malheureux, quoique repoussé par ses dédains, je l'aime plus que jamais.

Mme DE SAINTE-AGNÈS.

Monsieur...

ANATOLE.

Oh! vous ne pouvez pas vous fâcher pour elle.

Mme DE SAINTE-AGNÈS.

Non; mais je puis me dispenser d'entendre pour elle de pareilles déclarations; car, si c'était à moi qu'on eût osé les adresser, je sais bien ce que j'aurais répondu.

ANATOLE, lui présentant la lettre.

Eh bien! madame, dites-le-moi; car c'est pour vous que cette lettre était écrite.

Mme DE SAINTE-AGNÈS.

Quel excès d'audace!

SAINTE-AGNÈS, en dehors.

Sois tranquille, j'arrangerai tout cela.

ANATOLE.

Dieu! M. de Sainte-Agnès!

Mme DE SAINTE-AGNÈS.

Monsieur, gardez cette lettre; je le veux, je l'exige, ou je ne vous reverrai jamais.

ANATOLE, à ses genoux.

Non madame; plutôt mourir; il faut que mon sort se décide.

Mme DE SAINTE-AGNÈS.

Et mon mari que j'entends!

ANATOLE.

Ça m'est égal; nous nous battrons, il me tuera; mais vous prendrez cette lettre, ou je resterai là à vos genoux.

(Il met la lettre dans la main de madame de Sainte-Agnès.)

Mme DE SAINTE-AGNÈS.

Eh! monsieur, levez-vous.

ANATOLE, se levant, et s'enfuyant dans le cabinet à gauche.

Ah! je vous remercie; je suis le plus heureux des hommes!

Mme DE SAINTE-AGNÈS, suivant Anatole jusqu'à la porte.

Que dit-il? quelle imprudence! je n'ai point consenti, je n'ai point accepté... Dieu! mon mari.

(Elle cache la lettre dans le livre qui est sur la table, et revient tout de suite auprès de la toilette.)

SCÈNE XIII.

Mme DE SAINTE-AGNÈS, SAINTE-AGNÈS.

SAINTE-AGNÈS, à la cantonade.

Quand je te répète que je me charge de tout, et que je vais le demander à ta tante... (Haut.) Ah! la voici. Je venais vous dire, chère amie, que, ce soir, j'avais envie d'aller au spectacle.

Mme DE SAINTE-AGNÈS.

Eh bien, monsieur...

SAINTE-AGNÈS, à part.

Cela ne la fâche pas ; c'est étonnant. (Haut.) Une représentation au profit des pauvres de l'arrondissement. M. le maire que vous connaissez, et qui passe pour un homme très charitable, a contribué lui-même pour sa part en donnant...

Mme DE SAINTE-AGNÈS.

Quoi donc?

SAINTE-AGNÈS.

Son autorisation. Ma nièce aussi désirerait y aller, autant que vous y consentiriez.

Mme DE SAINTE-AGNÈS.

Dès qu'elle est avec vous, monsieur...

SAINTE-AGNÈS.

Comment! vous y consentez? (A part.) et sans un sermon préalable!...

Air du vaudeville de la Somnambule.

C'est tout au plus si j'ose encore y croire.

Mme DE SAINTE-AGNÈS.

Je n'ai rien à dire, vraiment,
Quant il s'agit d'une œuvre méritoire,
Et quand surtout le spectacle est décent.

SAINTE-AGNÈS.

Il n'en est point, ma chère amie,
Où l'on ait moins de dangers à courir...
Des amateurs jouant la comédie,
Ça ne peut pas compter pour un plaisir.
(Regardant sa femme.)
Mais qu'avez-vous? je vous vois tout émue.

Mme DE SAINTE-AGNÈS.

Oui, en effet; je m'occupais; je lisais un ouvrage qui m'avait beaucoup attachée.

SAINTE-AGNÈS, regardant le livre qui est sur la table.

Celui-ci, sans doute?

Mme DE SAINTE-AGNÈS, voulant passer pour le prendre.

Oui, monsieur, ce sont des pensées spirituelles.

SAINTE-AGNÈS, le prenant.

Du tout; il n'y a rien de spirituel là-dedans; c'est le *Manuel des receveurs généraux*. (Il veut lui passer le livre, et le livre s'entr'ouvre.) Si vraiment, il paraît qu'il contient quelque chose d'intéressant. (Il prend la lettre.) Une lettre, sans adresse! Qu'est-ce que cela signifie?

Mme DE SAINTE-AGNÈS.

Je n'en sais rien.

SAINTE-AGNÈS.

Il y a un moyen de s'en assurer; c'est de la lire.

Mme DE SAINTE-AGNÈS.

Arrêtez, monsieur; gardez-vous de l'ouvrir; on pourrait croire que c'est moi qui l'ai décachetée.

SAINTE-AGNÈS.

Eh bien! où serait le mal? il y en a donc dans cette lettre? vous savez donc ce qu'elle contient?

Mme DE SAINTE-AGNÈS.

Non, monsieur; mais je m'en doute.

SAINTE-AGNÈS.

Est-ce que, par hasard, ce serait une déclaration?

Mme DE SAINTE-AGNÈS, baissant les yeux.

C'est possible.

SAINTE-AGNÈS.

Une déclaration! à vous, madame? eh bien! par exemple...

AIR de *Marianne*. (DALAYRAC.)

Et moi, qui, plein de confiance,
Croyais qu'on n'oserait jamais!

Mme DE SAINTE-AGNÈS, fièrement.

Vous ne supposez pas, je pense...

SAINTE-AGNÈS.

Non, madame... je vous connais.
(A part.)
C'est jovial,
Original...
Et franchement ce devrait m'être égal.
Je le croyais,
Je le disais ;
Et cependant ça me fait
De l'effet!
Si déjà l'on se trouve à plaindre
Quand seulement on craint malheur,
Comment font tant de gens d'honneur
Qui n'ont plus rien à craindre?

C'est pour cela que je veux savoir quel est l'audacieux...

Mme DE SAINTE-AGNÈS.

Si je devais me taire, si cette personne était liée avec vous par les nœuds de l'amitié?...

SAINTE-AGNÈS.

Un ami! je m'en doutais, en pareil cas ce sont toujours les amis... Mais qui diable a pu être le mien à ce point-là? Est-ce que par hasard ce serait ce coquin de d'Hérissel? Vous êtes troublée...

Mme DE SAINTE-AGNÈS.

Monsieur!...

SAINTE-AGNÈS, vivement.

C'est lui, et s'il n'était pas à dix lieues d'ici; s'il n'était pas parti pour longtemps...

Mme DE SAINTE-AGNÈS, à part.

Parti! laissons-lui son erreur.

SAINTE-AGNÈS.

Voyez-vous le sournois! lui qui s'en défendait ce matin quand je l'en ai défié...

Mme DE SAINTE-AGNÈS.

Comment, monsieur!

SAINTE-AGNÈS.

Non, madame; non, du tout; je lui ai dit, au contraire, que je prendrais fort mal les choses, et pour vous le prouver, je m'en vais lui écrire à l'instant même.

Mme DE SAINTE-AGNÈS.

J'espère, monsieur, que vous n'en ferez rien; et, si vous m'aimez, vous ne lui parlerez jamais de cette affaire; je vous le demande, je l'exige. D'ailleurs, monsieur, on doit de l'indulgence à ceux qui nous ont offensés; et je vous prie de lui pardonner, comme moi-même je lui pardonne.

SAINTE-AGNÈS.

Vous qui êtes parfaite, à la bonne heure!... mais moi, qui ne le suis pas, je tiens à m'expliquer.

Mme DE SAINTE-AGNÈS.

Par lettres! par correspondance! pour prolonger un scandale, qu'il vaut mieux assoupir... Fi, monsieur! ce n'est pas bien; ce n'est point charitable! S'il était ici, à la bonne heure, on pourrait... mais comme il n'y est plus, comme il n'y reviendra plus...

UN DOMESTIQUE, annonçant.

M. d'Hérissel!

SAINTE-AGNÈS, se frottant les mains.

Quel bonheur !

Mme DE SAINTE-AGNÈS, à part.

C'est fait de moi !

SCÈNE XIV.

D'HÉRISSEL, Mme DE SAINTE-AGNÈS, SAINTE-AGNÈS.

SAINTE-AGNÈS, à d'Hérissel qui entre.

Arrivez donc ici, monsieur l'homme de bien !

D'HÉRISSEL.

Tu es étonné de me revoir?... Mon régiment était déjà à cheval, et nous allions partir, lorsque le général nous a annoncé que nous restions ici un mois en garnison.

Mme DE SAINTE-AGNÈS, à part.

Grand Dieu !

D'HÉRISSEL.

J'en suis enchanté, et toi aussi : ça te fait plaisir, n'est-il pas vrai?

SAINTE-AGNÈS.

Du tout, monsieur.

D'HÉRISSEL.

Et pourquoi donc ?

Mme DE SAINTE-AGNÈS, de même.

O mon Dieu ! inspire-moi quelque détour qui puisse nous sauver !

SAINTE-AGNÈS.

Vous me demandez pourquoi ? Apprenez, monsieur, qu'il y a des devoirs, des droits qu'il faut respecter; ceux de l'amitié d'abord, et plus encore ceux de la morale.

3.

D'HÉRISSEL.

Ah! çà, qu'est-ce qui te prend donc? (A part.) Est-ce qu'il s'en mêle aussi?

SAINTE-AGNÈS.

Toi! un homme marié, qui as une jolie femme; car on dit qu'elle est très jolie, ta femme; eh bien? qu'est-ce que tu dirais, si je lui faisais la cour?

Mme DE SAINTE-AGNÈS, voulant l'arrêter.

Monsieur...

SAINTE-AGNÈS.

Non, madame; il faut que je le confonde. (A d'Hérissel.) Enfin réponds, si je lui faisais la cour? si, par exemple, je lui adressais une déclaration, qu'est-ce que tu ferais?

D'HÉRISSEL.

Je prierais d'abord ma femme de ne pas m'en parler.

SAINTE-AGNÈS.

Ce serait peut-être le mieux; mais si elle ne le pouvait pas? si l'indignation lui faisait rompre le silence?

D'HÉRISSEL.

Je la prierais alors de se défendre elle-même et de te congédier le plus honnêtement possible.

SAINTE-AGNÈS.

Vous l'entendez, madame; il vient de prononcer lui-même son arrêt.

D'HÉRISSEL.

Que veux-tu dire?

SAINTE-AGNÈS.

Cette lettre te l'expliquera; je te la rends.

D'HÉRISSEL, étonné et la prenant.

Cette lettre?

SAINTE-AGNÈS.

Oui, cette déclaration que tu as écrite à ma femme, et que tu lui as remise.

D'HÉRISSEL.

Moi!

SAINTE-AGNÈS, à demi-voix.

Ne vas-tu pas faire l'étonné? elle en est convenue elle-même; elle me l'a avoué, et tu vois encore son émotion; ce qui est tout naturel quand on n'a pas encore l'habitude...

Mme DE SAINTE-AGNÈS, à part.

Ah! je n'y survivrai pas.

D'HÉRISSEL.

Quoi, madame! cette lettre d'amour, surprise entre vos mains, vous avez avoué que c'était moi?...

Mme DE SAINTE-AGNÈS.

Dans le premier trouble... j'ai dit... du moins je pensais... je croyais...

D'HÉRISSEL.

Alors, madame, je n'ai plus rien à dire, et je suis bien forcé d'en convenir. (A Sainte-Agnès.) La lettre est de moi.

Mme DE SAINTE-AGNÈS, à demi-voix.

Grand Dieu!

SAINTE-AGNÈS.

Vous en convenez donc enfin!...

(Il passe entre madame de Sainte-Agnès et d'Hérissel.)

AIR du vaudeville des *Scythes et les Amazones*.

Des mœurs du temps exemples déplorables!
Où vous conduit la dépravation?
A des penchants, à des projets coupables!

Mme DE SAINTE-AGNÈS, à son mari, avec impatience.

Eh! monsieur... trêve de sermon!

SAINTE-AGNÈS, de même.

Eh! madame... c'est la leçon
Que tous les jours, ici, vous m'avez faite.
Je suis heureux, en docile écolier,
D'avoir quelqu'un à qui je la répète;
C'est un moyen de ne pas l'oublier.

Mme DE SAINTE-AGNÈS.

Terminons, de grâce, cette discussion que je ne pourrais supporter plus longtemps. Je vous prie surtout de ne point en vouloir à M. d'Hérissel, qui, lui-même, doit m'accuser.

D'HÉRISSEL.

Non, madame; et si mon ami veut seulement nous laisser un instant, et me permettre de vous expliquer mes intentions...

SAINTE-AGNÈS.

Non pas, non pas; il n'est pas nécessaire que cela aille plus loin. Voilà déjà ma femme qui t'excuse, et qui me prêche l'indulgence, ce qui ne lui était jamais arrivé pour personne.

Mme DE SAINTE-AGNÈS.

Monsieur...

SAINTE-AGNÈS.

Il n'y a que cela peut-être qui pourrait me donner des soupçons.

D'HÉRISSEL.

Je te répète qu'ils sont absurdes, et que je n'ai que deux mots à dire à ta femme.

SAINTE-AGNÈS.

Tu ne lui parleras pas, je te le défends, et à elle aussi; et pour en être plus sûr, tu vas venir avec moi.

AIR du vaudeville de l'Actrice.

Ce n'est pas, certes, que je tremble;
Mais je ne voudrais pas, mon cher,
Tous les deux vous laisser ensemble :
Il pourrait m'en coûter trop cher.
Tantôt, dans un joyeux délire,
A déjeuner, pour t'égayer,
Je régalais... ça doit suffire;
Je ne veux pas toujours payer.

(Il emmène d'Hérissel. — A madame de Sainte-Agnès qui veut le suivre.)

Restez, madame, ne vous dérangez pas; je reviens à l'instant.

(Il sort avec d'Hérissel.)

SCÈNE XV.

Mme DE SAINTE-AGNÈS, seule.

Quelle aventure! j'y aurais succombé, si le ciel n'était pas venu à mon secours. Mais ce M. d'Hérissel... me voilà tout à fait à sa discrétion. En lisant cette lettre, que va-t-il penser de moi? comment le dissuader? Devrait-il être permis que des personnes bien intentionnées fussent jamais compromises à ce point-là?

SCÈNE XVI.

Mme DE SAINTE-AGNÈS, ANATOLE, sortant du cabinet.

ANATOLE, à part.

J'ai vu sortir le mari. (Haut.) Eh bien! madame?...

Mme DE SAINTE-AGNÈS.

Comment! monsieur, c'est encore vous?

ANATOLE.

Oui, madame; je viens chercher la réponse.

Mme DE SAINTE-AGNÈS.

La réponse! il ne manquait plus que cela, après votre indigne conduite! après votre affreuse lettre!

ANATOLE.

Affreuse!

Mme DE SAINTE-AGNÈS.

Oui, monsieur; car elle est tombée entre les mains de mon mari.

ANATOLE.

Dieu!

Mme DE SAINTE-AGNÈS.

Le ciel a permis qu'un autre fût accusé ; qu'il en soit béni ! mais je n'en suis pas plus tranquille pour cela, car cette lettre, qu'heureusement je n'ai pas lue...

ANATOLE.

Quel dommage ! Je m'en vais vous la dire ; je la sais par cœur.

Mme DE SAINTE-AGNÈS.

Non, monsieur ; je ne veux ni l'entendre ni la connaître ; mais je veux savoir ce qu'elle contient ; et j'espère au moins qu'il n'y avait rien qui pût me compromettre.

ANATOLE.

Oh ! non, madame ; rassurez-vous : je n'y parlais que de mon amour.

Mme DE SAINTE-AGNÈS.

Est-il possible ! Je suppose au moins que c'était dans des termes convenables ?

ANATOLE.

Oh ! sans doute ; tout ce qu'il y avait de plus tendre et de plus passionné.

Mme DE SAINTE-AGNÈS.

Quelle imprudence ! Au moins, monsieur, vous ne l'avez pas signée ?

ANATOLE.

Me croyez-vous capable d'écrire une lettre anonyme ?

Mme DE SAINTE-AGNÈS.

Eh ! monsieur, on ne signe jamais ces lettres-là !

ANATOLE.

Je n'en savais rien, madame ; c'est la première ; mais, du reste, je m'en souviens bien, je ne vous y ai tutoyée qu'une fois.

Mme DE SAINTE-AGNÈS.

Me tutoyer !... miséricorde !

ANATOLE.

Une seule fois, madame.

Mme DE SAINTE-AGNÈS.

Me tutoyer! Que va penser M. d'Hérissel?

ANATOLE.

Ce n'est pas ma faute; c'est dans cet endroit où je vous remerciais de vos bontés...

Mme DE SAINTE-AGNÈS.

De mes bontés! Et de quel droit, monsieur, osez-vous me calomnier ainsi, et mentir à votre propre conscience?

ANATOLE.

Pardon, madame, je n'aurais jamais eu cette hardiesse sans ce *souvenir*, (Il le tire de sa poche et le montre à madame de Sainte-Agnès.) sur lequel j'ai eu l'indiscrétion de jeter les yeux, et où j'ai vu que vous aviez daigné vous occuper de moi. Tenez, lisez plutôt.

Mme DE SAINTE-AGNÈS, prenant le souvenir.

Ce souvenir... Eh! mais ce n'est pas mon écriture; c'est celle de ma nièce.

ANATOLE.

Irène! il serait possible!... (A part.) Ah! qu'ai-je fait!

Mme DE SAINTE-AGNÈS.

Ma nièce! quel oubli de toutes les bienséances! une jeune fille de son âge! oser vous aimer! l'écrire! Je vais la trouver, et lui apprendre...

ANATOLE.

Non, madame; je ne souffrirai pas que pour moi elle soit grondée, elle soit compromise. Que j'étais ingrat! elle seule daignait s'occuper de moi, daignait me plaindre; tandis que vous, madame, vous, dont je croyais être aimé, vous n'aviez pour moi que de l'indifférence, que de la haine.

Mme DE SAINTE-AGNÈS.

Oui, monsieur; c'est ce que je vous dois; c'est ce que

vous méritez. Je vous hais plus que je ne peux le dire.

ANATOLE.

Je ne le vois que trop; et vous serez satisfaite. Tant de mépris étouffent mon amour; je veux vous bannir de mon cœur, vous oublier...

Mme DE SAINTE-AGNÈS.

Il y a longtemps que vous auriez dû le faire.

ANATOLE.

J'en aimerai, j'en épouserai une autre; et si votre nièce, si Irène était libre...

Mme DE SAINTE-AGNÈS.

Jamais, monsieur, jamais je n'y donnerai mon consentement; vous ne l'épouserez pas; elle ira au couvent; c'est ma volonté; et dès aujourd'hui vous ne la verrez plus.

ANATOLE.

Quelle injustice! quelle tyrannie!...

SCÈNE XVII.

LES MÊMES; D'HÉRISSEL.

D'HÉRISSEL, entrant sur les derniers mots de madame de Sainte-Agnès.

Eh! mais, qu'entends-je? on se dispute. (A madame de Sainte-Agnès.) De l'émotion, de la colère, vous, madame!

Mme DE SAINTE-AGNÈS, à part.

Ah! mon Dieu! me voilà compromise de toutes les manières.

D'HÉRISSEL.

J'avais su échapper à votre mari, j'accourais... (Voyant Anatole qui est près de la table, la tête entre ses mains.) Mais qu'a donc mon jeune cousin?

ANATOLE.

La forcer d'entrer au couvent! quelle indignité!

D'HÉRISSEL.

Au couvent! eh, qui donc?

ANATOLE.

Mademoiselle Irène.

D'HÉRISSEL.

Il serait possible!

ANATOLE.

Oui, mon cousin; exprès pour me tourmenter, pour me rendre malheureux; mais les obstacles augmenteront mon amour, et dès qu'on me la refuse, cela suffit, car je suis obstiné.

D'HÉRISSEL.

Qu'est-ce que tu dis là? tu l'aimais?

ANATOLE.

Oui, sans doute, ça m'est revenu, et plus fort que jamais.

D'HÉRISSEL.

Eh bien! mon ami, apprends qu'elle t'aime aussi, elle me l'a avoué.

ANATOLE.

Eh! mon Dieu, je le sais bien, et c'est pour cela que madame veut nous séparer, veut nous désunir, veut l'envoyer au couvent.

D'HÉRISSEL.

Tu te trompes; déjà, ce matin, madame m'avait dit qu'elle renoncerait à ces idées-là.

Mme DE SAINTE-AGNÈS.

J'ai dit, monsieur, que je verrais, que je consulterais.

D'HÉRISSEL.

Mais, depuis, j'ai pensé que vous étiez décidée.

Mme DE SAINTE-AGNÈS.

Qui a pu vous le faire croire?

D'HÉRISSEL.

Une lettre que j'ai là, et dont nous pouvons prendre connaissance.

Mme DE SAINTE-AGNÈS.

Du tout, du tout, ce n'est pas nécessaire ; je n'ai jamais prétendu contrarier les inclinations de ma nièce.

D'HÉRISSEL.

C'est ce que je me suis toujours dit. (Bas à Anatole.) Laissez-nous, maintenant le reste me regarde.

ANATOLE, de même.

Comment? vous croyez...

D'HÉRISSEL, de même.

Va-t'en, te dis-je, je me charge de tout.

(Anatole sort.)

SCÈNE XVIII.

Mme DE SAINTE-AGNÈS, D'HÉRISSEL.

D'HÉRISSEL.

Combien je vous remercie, madame, de ce que vous voulez bien faire pour votre nièce !

Mme DE SAINTE-AGNÈS.

Mais, monsieur...

D'HÉRISSEL.

C'est moi, maintenant, qui suis votre débiteur ; et, pendant que nous sommes seuls, que votre mari n'y est pas, je me hâte de vous faire une restitution.

Mme DE SAINTE-AGNÈS.

Ah! monsieur, qu'avez-vous pensé?

D'HÉRISSEL.

J'ai pensé à vous rendre service, madame, et pas autre

chose ; je vous rends cette lettre qui n'a point quitté mon portefeuille.

Mme DE SAINTE-AGNÈS.

Ainsi, monsieur, vous ne l'avez point lue?

D'HÉRISSEL.

Non, assurément; je me suis fait un raisonnement; je me suis dit : « De deux choses l'une : ou j'ai écrit cette lettre, puisqu'une personne de foi l'affirme, et alors je dois savoir ce qu'elle contient, ou je ne l'ai point écrite, ce que je serais assez tenté de croire, et alors je n'ai point le droit de l'ouvrir. » Et c'est à vous d'en faire ce que vous voudrez... Eh bien! vous la refusez?

Mme DE SAINTE-AGNÈS.

Non, monsieur; mais avant de la reprendre, je voudrais... et je ne sais comment vous expliquer, car vous allez avoir de moi de mauvaises pensées...

D'HÉRISSEL.

Moi, madame! je n'ai point le droit d'être sévère ; ce que je réclame, au contraire, c'est votre indulgence. Je suis l'ami de votre mari, et voudrais être le vôtre, si vous m'en jugez digne.

(En ce moment, Sainte-Agnès entre par le fond avec Irène et Anatole : mais il leur fait signe de s'arrêter, en voyant d'Hérissel et sa femme en tête-à-tête.)

Mme DE SAINTE-AGNÈS.

Ah! monsieur! pouvez-vous en douter? (Voulant prendre la lettre.) Donnez, donnez, de grâce.

SCÈNE XIX.

LES MÊMES ; SAINTE-AGNÈS, IRÈNE, ANATOLE.

SAINTE-AGNÈS, passant entre eux deux, et saisissant la lettre.

Non, madame, c'est moi qui m'en empare.

Mme DE SAINTE-AGNÈS.

Ciel! mon mari!

IRÈNE.

Ma tante qui reçoit des lettres!

ANATOLE, à part.

Comment, encore une!

SAINTE-AGNÈS.

Cette fois, vous n'étiez point forcée de la recevoir, c'est vous-même qui l'acceptiez, qui la demandiez.

D'HÉRISSEL.

C'est à moi de t'expliquer...

SAINTE-AGNÈS.

Cela suffit, monsieur, cela passe les bornes. J'ai su pardonner une première fois, mais une seconde, c'est différent; et nous allons voir...

Mme DE SAINTE-AGNÈS.

Que faites-vous?

SAINTE-AGNÈS, décachetant la lettre.

J'ouvre cette lettre pour savoir à quoi m'en tenir.

Mme DE SAINTE-AGNÈS.

Arrêtez, de grâce, et ne commettez point une indiscrétion inutile; elle n'est point de monsieur.

SAINTE-AGNÈS.

Eh! de qui donc?

Mme DE SAINTE-AGNÈS.

D'Anatole.

ANATOLE, étonné.

C'est la mienne?

IRÈNE, avec reproche.

Comment, monsieur!

SAINTE-AGNÈS, vivement.

A d'autres! je n'en crois pas un mot. (Regardant au bas de

la lettre.) Si vraiment. « Anatole d'Hérissel. » (Lisant.) « Vous
« que j'aime depuis si longtemps sans oser vous le dire,
« pardonnez aujourd'hui une audace que vos bontés seules
« ont fait naître... » (S'interrompant.) Vos bontés ! à qui cela
est-il adressé ?

Mme DE SAINTE-AGNÈS, vivement.

A qui ? à Irène votre nièce.

ANATOLE, de même.

Oui, monsieur.

IRÈNE, SAINTE-AGNÈS et D'HÉRISSEL.

Il serait possible !

SAINTE-AGNÈS, continuant.

« J'ai lu ce souvenir, où mon nom est tracé, où ton cœur
« s'est trahi... »

Mme DE SAINTE-AGNÈS, présentant le souvenir à son mari.

Tenez, monsieur, ce souvenir, le voilà ; reconnaissez-vous
l'écriture de votre nièce ?

SAINTE-AGNÈS, l'examinant.

Oui, vraiment, c'est bien cela ; et les phrases les plus tendres...

IRÈNE, d'un air suppliant.

Mon oncle, de grâce ! (A madame de Sainte-Agnès.) Non, ma
tante, ne croyez pas...

Mme DE SAINTE-AGNÈS.

Fi ! mademoiselle.

IRÈNE.

Comment, monsieur Anatole, vous avez eu l'indiscrétion...

ANATOLE.

Ne m'en accusez pas, puisque je lui dois mon bonheur.

D'HÉRISSEL, faisant passer Irène auprès d'Anatole.

Ces chers enfants !

SAINTE-AGNÈS.

Mais ce pauvre d'Hérissel que vous accusiez...

Mme DE SAINTE-AGNÈS.

Je croyais que monsieur était seul capable d'une telle audace; mais je me trompais; tout le monde est sujet à l'erreur.

SAINTE-AGNÈS.

A qui le dites-vous? (A d'Hérissel.) Mais toi qui en convenais...

D'HÉRISSEL.

Pour te faire plaisir, d'après ce que tu m'avais demandé ce matin.

Mme DE SAINTE-AGNÈS.

Comment, monsieur...

SAINTE-AGNÈS.

C'est bien! c'est bien! pas d'autres explications; j'ai décidément un ami et une femme comme on n'en voit pas.

ANATOLE.

Et moi aussi.

IRÈNE.

Et nous ne savons, ma tante, comment vous en témoigner notre reconnaissance.

Mme DE SAINTE-AGNÈS, passant auprès d'Irène.

Prouvez-la-moi, ma nièce, en remplissant vos devoirs, en fuyant surtout le monde et ses maximes perverses et en vous répétant...

D'HÉRISSEL.

Ce que nous disions ce matin : « Qu'ici-bas on ne peut répondre de rien, et que la vertu la plus sévère a souvent elle-même besoin d'indulgence. »

VAUDEVILLE.

AIR du vaudeville de *la Haine d'une Femme*.

IRÈNE.

C'est la bonté, c'est l'indulgence,
Qui seules donnent le bonheur;
Tous ces censeurs pleins d'exigence
Sont toujours de mauvaise humeur;
L'espèce humaine, qu'ils corrigent,
Par ses torts les rend furieux.
O vous que nos défauts affligent,
Pour être heureux, fermez les yeux!

D'HÉRISSEL.

Je crois qu'au sein de la richesse
Le malheur n'est point oublié;
Je crois à la délicatesse,
A la constance, à l'amitié.
Contre mes erreurs on s'élève;
Mais moi, j'y tiens tant que je peux...
Et si le bonheur est un rêve,
Pour être heureux fermons les yeux!

ANATOLE.

Il est bien des esprits funèbres
Qui voudraient, craignant la clarté,
Cacher sous d'épaisses ténèbres
Le flambeau de la vérité.
O vous, Goth, Visigoth, Étrusque,
Que le soleil rend malheureux,
Si la lumière vous offusque;
Pour être heureux, fermez les yeux!

SAINTE-AGNÈS.

Grands seigneurs, vous, qui semblez croire
Aux éloges de vos flatteurs;
Bourgeois, qui lisez le mémoire
Des médecins, des procureurs;
Crésus, qu'on appelle un génie,
Milord, dont on reçoit les vœux;

Mari, dont la femme est jolie...
Pour être heureux, fermez les yeux!

Mme DE SAINTE-AGNÈS, au public.

Dans plus d'un sujet, sur la scène,
On peut tout dire aux spectateurs;
Dans d'autres, on se tait, sous peine
D'exciter de graves rigueurs.
Que notre sort ici vous touche;
Daignez, en public généreux,
Quand d'autres nous ferment la bouche,
Sur nos défauts fermer les yeux!

AVENTURES ET VOYAGES
DU
PETIT JONAS

PIÈCE ROMANTIQUE EN TROIS ACTES

EN SOCIÉTÉ AVEC M. H. DUPIN.

THÉATRE DES NOUVEAUTÉS. — 28 Février 1829.

| PERSONNAGES. | ACTEURS. |

JONAS, petit-fils de la mère-grand . . . . MM. Bouffé.
FRÉTINO, fils d'un fermier, voisin de Jonas. . . . {Philippe, Mathieu.

LA MÈRE-GRAND . . . . Mmes Déjazet.
GIANETTA, sœur de lait de Jonas. . . . . Albert.
UNE NÉRÉIDE, la rivière des Gobelins. . . . . Génot.
LA VÉRITÉ. Adèle.
UNE BALEINE, personnage muet. . . . . —

Fleuves et Rivières. — Huissiers.

Dans le royaume de Naples, à Amalfi, près le golfe de Salerne.

AVENTURES ET VOYAGES
DU
PETIT JONAS

ACTE PREMIER

L'intérieur de la chaumière de la mère-grand. Au lever du rideau, elle est à son rouet, et Jonas est de l'autre côté assis près d'une table.

SCÈNE PREMIÈRE.
LA MÈRE-GRAND, JONAS.

LA MÈRE-GRAND.

Jonas... mon fils Jonas... Je vous demande ce qu'il fait là!...

JONAS.

Moi, ma mère-grand, je m'amuse à me désespérer.

LA MÈRE-GRAND.

Beau plaisir !

JONAS.

C'en est un comme un autre... et quand on n'a que cela à faire, ça occupe.

LA MÈRE-GRAND.

Est-ce ainsi que nous sortirons de la misère où nous sommes? au lieu de travailler, de prendre un état...

JONAS.

Travailler, prendre un état, c'est ce qu'ils disent tous; j'en avais un état, celui de millionnaire. J'y ai été élevé, j'y suis fait, c'est l'état de mon père, et je ne demande pas mieux que de le continuer; mais alors donnez-moi de quoi l'exercer.

LA MÈRE-GRAND.

Quand on a tout perdu! quand on a, comme toi, tout mangé!

JONAS.

N'allez-vous pas me faire croire que j'ai mangé ma fortune? je le voudrais bien, je serais plus gras que je ne suis. Par malheur, il y avait toujours tant de convives, que le dîner allait vite; et quand il a été fini, votre serviteur, je me suis trouvé devant une table vide, tout seul avec mon appétit qui est toujours le même : celui-là peut bien se vanter d'être le seul qui n'ait pas changé; mais les autres, mais les hommes, Dieu! les hommes! Je ne dis pas ça pour vous, ma mère-grand; les hommes, voyez-vous, je ne sais pas si ça vous fait cet effet-là, mais si vous les aviez toujours haïs autant que moi, je ne serais pas au monde, et c'est ce que je voudrais.

LA MÈRE-GRAND.

Et pourquoi te décourager ainsi? Ta fortune ne peut-elle pas revenir? Vois monsieur Jonas, ton grand-père, qui était Juif de naissance, et le plus honnête homme du monde.

AIR du vaudeville du Dîner de garçons.

De ses talents l'heureux emploi,
De bons intérêts usuraires,
Doublaient ses fonds!

JONAS.

    C'est vrai, mais moi
Je n'ai pas l'esprit des affaires.

LA MÈRE-GRAND.

Bien connu pour sa bonne foi,
Il fut, après mainte traverse,
Après trois faillites, je croi,
Plus riche encor...

JONAS.

    C'est vrai, mais moi
Je n'ai pas l'esprit du commerce.

LA MÈRE-GRAND.

Tu n'en as d'aucune espèce !

JONAS.

A qui la faute ? à mes parents. Je suis venu au monde comme cela, c'est mon père qui l'a voulu ; car, pour ce qui est de l'esprit, il n'en manquait pas, mon père, c'était un savant qui était toujours fourré dans les livres.

LA MÈRE-GRAND.

Il aimait à étudier, celui-là, il n'était pas comme toi ; il quittait souvent le beau palais qu'il avait à Naples pour s'enfermer tout seul à Amalfi.

AIR de *Marianne*. (DALAYRAC.)

Il venait dans cette chaumière,
Et loin des regards du public,
Il passait la journée entière
Sur ses creusets, son alambic.

JONAS.

La belle avance !
Par sa science,
Dans le quartier
Il passait pour sorcier,
Et son esprit trop inventif
A bien manqué le faire brûler vif :
Car on dit qu'il faisait, mon père,
Des prodiges...

LA MÈRE-GRAND.
J'aurais cru ça,
Si tu n'avais pas été là
Pour prouver le contraire.

JONAS.

Jusqu'à vous qui tombez sur moi!... *tu quoque*, ma mère-grand!

LA MÈRE-GRAND.

Si je te parle ainsi, c'est pour ton bien, c'est pour t'apprendre à ne compter que sur toi et à ne plus compter sur tes amis.

JONAS.

Mes amis, je n'y tiens pas, je ne tiens à personne; mais il y en a d'autres qui tiennent à moi.

LA MÈRE-GRAND.

Il serait possible! et quels sont donc ces êtres généreux qui ne t'ont pas abandonné dans le malheur?

JONAS.

Mes créanciers; ils me sont plus attachés que jamais; dans toutes les comédies que j'ai lues, j'ai toujours vu que c'était bon genre d'avoir des créanciers, et de les faire aller; mais les miens ne vont pas, ou ils vont très mal, et nous avons tous les jours des disputes et des prises ensemble, des prises de corps.

LA MÈRE-GRAND.

O ciel!

JONAS.

Et ce matin ils doivent venir me chercher pour me mener en prison.

LA MÈRE-GRAND, pleurant.

Mon pauvre petit Jonas!

JONAS.

Voilà que vous pleurez, maintenant.

LA MÈRE-GRAND.

Oui, parce que je t'aime, et je vendrai plutôt tout ce que j'ai.

JONAS.

Vous n'avez plus rien.

LA MÈRE-GRAND.

Et mes dentelles ! et mes falbalas ! et ce portrait de moi que je t'avais donné, il faut le mettre en gage.

JONAS.

Je ne vous l'avais pas dit, ma mère-grand, mais voilà plus d'un mois que je l'ai perdu sans savoir comment.

LA MÈRE-GRAND.

Tous les malheurs à la fois! un si joli portrait, où j'étais représentée en bergère, et à l'âge de quinze ans ! mais ça m'est égal, ça ne me décourage pas.

AIR du vaudeville de *Partie carrée*.

Jamais, mon fils, dans ton destin funeste,
Ta mère-grand ne t'abandonnera.

JONAS.

Regardez donc, hélas ! ce qui vous reste !
Votre béquille...

LA MÈRE-GRAND.

Eh bien ! c'est toujours ça.
Oui, ta grand'mère aime trop sa famille
Pour délaisser son enfant malheureux.
(Lui prenant le bras qu'elle met sur le sien.)
Viens t'appuyer sur moi, viens... ma béquille
Nous soutiendra tous deux.

JONAS.

Ce n'est pas possible : vous ne pouvez pas m'accompagner en prison; vous n'êtes pas comme moi, vous n'avez pas de dettes.

LA MÈRE-GRAND.

Eh bien ! j'en ferai.

JONAS.

O dévouement de la nature ! O sensibilité des grand'mères ! J'ai eu trop d'amis et pas assez de grand'mères. Si j'en avais eu seulement six comme celle-ci...

SCÈNE II.

Les mêmes ; GIANETTA.

GIANETTA.

Monsieur Jonas, monsieur Jonas !

JONAS.

C'est Gianetta... ma sœur de lait.

LA MÈRE-GRAND.

En voilà encore une du moins qui ne nous a pas abandonnés, qui demeure avec nous... qui fait notre ménage.

JONAS.

Depuis que nous n'avons plus rien... nous partageons tout avec elle.

GIANETTA.

AIR : J'en guette un petit de mon âge. (*Les Scythes et les Amazones.*)

C'était à moi d'être votre compagne.

JONAS.

Tous ces amis qui buvaient mon bon vin,
Tous ces amis qui sablaient mon champagne,
Ma cave vide, ont disparu soudain.
Toujours fidèle au nœud qui nous rassemble,
Ma sœur de lait est, dans son amitié,
La seule, hélas ! qui n'ait pas oublié
  Le temps où nous buvions ensemble !

GIANETTA.

Grâce au ciel, vous avez encore d'autres amis ! Vous savez bien, Frétino, le fils de votre ancien fermier... il revient de la ville où il a entendu dire qu'on devait vous arrêter aujourd'hui...

JONAS, à la mère-grand.

Qu'est-ce que je disais?

GIANETTA.

Et il offre de vous cacher dans un souterrain qui est près d'ici et qui dépend de la ferme.

LA MÈRE-GRAND.

Dieu soit loué!... j'ai toujours eu une inclination pour ce petit Frétino... un blondin qui a des yeux bleus magnifiques... comme ton grand-père.

JONAS.

Il s'agit bien de cela!... Je vous demande, ma mère-grand, comment, à votre âge, vous faites encore attention à ces choses-là? Il est question de votre petit-fils... qui a besoin de vos conseils et de tout son courage.

LA MÈRE-GRAND.

Il faut commencer par te sauver.

JONAS.

J'y pensais.

GIANETTA.

Et moi, je ne crois pas. Pendant que nous causions avec Frétino, nous avons vu autour de la maison rôder des gens suspects. Il y en a deux, entre autres, qui se sont assis à la porte. Deux lazzaroni avec de mauvaises mines et des grosses cannes.

JONAS.

Les mauvaises mines, ça me serait égal... je n'y ferais pas attention... mais c'est le reste du signalement qui me parait plus frappant.

GIANETTA.

Alors Frétino m'a dit : « Que monsieur Jonas ne sorte pas... il y a moyen de le mettre en sûreté sans l'exposer. »

JONAS, vivement.

C'est ce moyen-là qu'il faut prendre.

LA MÈRE-GRAND.

Tu as raison.

JONAS.

C'est justement celui que je cherchais depuis une heure...

LA MÈRE-GRAND, à Gianetta.

Parle vite...

GIANETTA.

Frétino prétend que les souterrains qu'il connaît viennent de ce côté et touchent aux caves de la maison; de sorte qu'en pratiquant un trou dans le dernier mur, notre jeune maître s'évadera par là, se trouvera en sûreté, et pourra à volonté revenir auprès de vous.

LA MÈRE-GRAND.

C'est à merveille.

JONAS.

Le tout est de creuser la muraille... ça va me donner bien du mal.

LA MÈRE-GRAND.

Paresseux!

JONAS.

Je ne suis pas habitué à piocher... mais dès que ça vous fait plaisir... pour vous, ma mère-grand, qu'est-ce que je ne ferais pas?... Adieu, Gianetta; ce nouveau service-là est encore à ajouter à tous les gages que tu nous a donnés de ton attachement... Sans compter que tu es si bonne et si jolie... que certainement... je te dirai le reste plus tard... je te le dirai... tu m'y feras penser!

(Il sort.)

SCÈNE III.

LA MÈRE-GRAND, GIANETTA.

GIANETTA.

Je ne lui demande rien... je suis assez payée s'il est heureux.

LA MÈRE-GRAND.

Va, Gianetta... tu es une bonne fille... Approche-moi ce fauteuil.

GIANETTA.

Oui, madame Jonas.

LA MÈRE-GRAND.

Il me semble que tu soupires.

GIANETTA.

Moi...

LA MÈRE-GRAND.

Oui, oui... tu as soupiré! Je m'y connais... je n'ai pas toujours eu quatre-vingt-cinq ans. Est-ce que tu aurais quelque chagrin... quelque amourette?... conte-moi cela... nous autres, nous ne vivons que de souvenirs... ça nous rajeunit.

GIANETTA.

Vous pourriez penser...

LA MÈRE-GRAND.

Que tu as un amoureux... Dame! à ton âge, c'est tout naturel.

COUPLETS.

Premier couplet.

AIR des *Voitures versées.*

Jadis à quinze ans,
Et cette époque est bien passée,

Jadis à quinze ans,
Je faisais des serments (*Bis.*)
De fuir, hélas! tous les amants ;
Mais la foule empressée
Admirait en tous lieux
Et ma taille élancée,
Et surtout mes beaux yeux.
Qu'elle a de beaux yeux !
Disaient-ils entre eux.
Et, si j'ai bonne souvenance,
Je crois que, malgré ma prudence,
Sensible à leurs vœux,
Je pris un amoureux, (*Ter.*)
Je crois même en avoir eu deux.

Deuxième couplet.

Le premier, dit-on,
Était fat et s'aimait lui-même ;
Et pour le second,
Hélas ! le pauvre garçon,
Je l'eusse aimé tout de bon,
Sans une autre inclination.
J'aimai donc le troisième
Qui me fut inconstant,
Et, pour le quatrième,
Il en fit tout autant.
Oui, chère enfant,
Tous en font autant ! (*Ter.*)
Ce fut alors que, prude et sage,
Blâmant les erreurs du jeune âge,
Mon cœur fut guéri.
C'est alors, Dieu merci,
Que mon cœur fut guéri, (*Bis.*)
Et que j'épousai mon mari.

GIANETTA.

Pour moi, madame Jonas, je n'en ai qu'un, et je n'en aurai jamais d'autre.

LA MÈRE-GRAND.

Tu as raison, mon enfant, c'est ce qu'on dit toujours. .

Mais, quel est-il? Je le connais, n'est-il pas vrai? Tu rougis... je sais qui.

GIANETTA.

Ah! mon Dieu!

LA MÈRE-GRAND.

C'est ce petit Frétino, notre voisin.

GIANETTA.

Non vraiment... vous ne pensez qu'à lui!

LA MÈRE-GRAND.

C'est qu'il me semble qu'à ta place, c'est lui que j'aurais choisi.

GIANETTA.

Je n'ai pas choisi; c'est venu tout seul depuis que je me connais.

LA MÈRE-GRAND.

Et il t'aime aussi?

GIANETTA.

Je ne crois pas! Je ne suis qu'une pauvre fille, et lui est tellement au-dessus de moi...

LA MÈRE-GRAND.

C'est un grand seigneur?

GIANETTA, vivement.

Oui, madame Jonas... un grand seigneur.

LA MÈRE-GRAND.

J'en ai connu de bien aimables.

GIANETTA.

C'est-à-dire... c'était... car il ne l'est plus.

LA MÈRE-GRAND.

Est-ce que c'est possible... est-ce que du jour au lendemain on peut cesser d'être noble!

GIANETTA.

Dame! on dit que ça vient souvent comme cela... ça peut

bien s'en aller de même ! Et dans ce moment, nous avons autant l'un que l'autre.

LA MÈRE-GRAND.

Alors, si vous êtes égaux, tu peux bien lui dire que tu l'aimes.

GIANETTA.

Je n'oserais jamais.

LA MÈRE-GRAND.

Veux-tu que je m'en charge ?

GIANETTA.

Peut-être bien !... mais attendons.

LA MÈRE-GRAND.

Attendre pour être heureuse !

AIR : Amis, voici la riante semaine. (*Le Carnaval*.)

On a si peu le temps d'être jolie,
Et ce temps-là pour nous ne revient plus !
J'ai bien usé du printemps de ma vie,
Et je regrette encor des jours perdus !
Si les attraits, la jeunesse et la grâce
Duraient toujours, à ne pas en jouir...
Mais qu'on en use ou non, tout cela passe ;
Le plus qu'on peut il faut donc s'en servir !

Ainsi voyons, mon enfant, parle franchement, dis-moi son nom.

GIANETTA.

Eh bien ! madame Jonas, puisque vous le voulez...

SCÈNE IV.

LES MÊMES ; JONAS.

JONAS, tenant d'une main une pioche, et de l'autre un parchemin.

Ma mère-grand, ma mère-grand ! ma petite Jeannette, embrasse-moi, et réjouissez-vous.

LA MÈRE-GRAND.

Qu'est-ce donc ?

JONAS.

Nous sommes plus riches que jamais.

GIANETTA.

O ciel !..

JONAS.

Vous avicz raison, ma mère-grand... ce que c'est que de piocher !... Tout à l'heure, dans cette cave, après avoir renversé des mœllons... j'ai trouvé...

LA MÈRE-GRAND.

Un trésor ?

JONAS.

Non, un souterrain, où je suis entré... un immense souterrain.

GIANETTA.

Et vous n'avez pas eu peur ?

JONAS.

Il y avait de la lumière..., des escarboucles qui éclairaient cela comme en plein midi, et j'ai aperçu au beau milieu, rangés circulairement, cinq piédestaux en porphyre ; sur le premier, il y avait une statue en argent ; sur le second, une statue en or ; sur le troisième, une statue en rubis et en émeraudes...

LA MÈRE-GRAND.

Dieu ! que de richesses !

JONAS.

Et pas des petites statues, pas des nabotes, toutes bien fortes, bien grandes, bien proportionnées... enfin de ma taille... Et ce n'est rien encore... sur le quatrième, c'est là où nous en étions... sur le quatrième piédestal était une statue en diamants... et enfin, sur le cinquième... sur celui du milieu... rien du tout.

LA MÈRE-GRAND.

Comment, rien ?

JONAS.

Rien, qu'un rouleau de parchemin que voici... et que je vous apporte toujours courant, tant je suis content... malgré un accident qui m'est arrivé.

GIANETTA.

Lequel ?

JONAS.

Je vous le dirai plus tard... Lisons toujours.

LA MÈRE-GRAND.

C'est l'écriture de ton père..., et mes lunettes... mes lunettes, où sont-elles ?

GIANETTA.

Les voici... madame Jonas.

JONAS.

Eh bien ! Gianetta... eh bien ! ma sœur de lait, vous pleurez...

GIANETTA.

C'est de plaisir, monsieur Jonas ; je suis si contente de vous voir tant de richesses !

JONAS.

Oui, mais cette fois-ci... j'en ferai un meilleur usage... et j'ai des idées, ma petite Gianetta... car c'est étonnant comme la fortune vous redonne des idées.

LA MÈRE-GRAND.

Veux-tu te taire !

JONAS.

Oui, ma mère-grand... je vous écoute, vous et mon père.

LA MÈRE-GRAND, lisant.

« J'ai amassé ce trésor pour mon fils Jonas, me doutant
« bien qu'avec son naturel facile, il aurait bien vite mangé
« la fortune que je lui laissais, et que s'il était obligé, avec

« son esprit, de s'en refaire une seconde, il courrait risque
« de mourir de faim... »

JONAS, s'essuyant les yeux.

Quel bon père !

LA MÈRE-GRAND.

Comme il te connaissait ! (Continuant à lire.) « Mais il ne
« pourra jouir de ces immenses richesses que quand il aura
« trouvé et placé sur ce piédestal une cinquième statue, plus
« précieuse à elle seule que les quatre autres ensemble.
« Telle est ma volonté dernière et immuable ! »

JONAS.

Ah ! mon Dieu ! Où veut-il que je trouve un pareil trésor !

GIANETTA, avec joie.

C'est impossible. (Se reprenant.) Je veux dire qu'il n'y a
pas moyen, et que c'est sans doute une énigme.

JONAS.

Et moi qui n'ai jamais pu en deviner une... Je vous demande comment mon père, qui me connaissait si bien, a été s'aviser... Moi, d'abord, pour tout ce qui sent les énigmes et les devinottes, je n'y suis plus... ça m'embrouille.. Dites donc, ma mère-grand... y êtes-vous ?... Est-ce que vous comprenez ?...

LA MÈRE-GRAND.

Peut-être bien.

JONAS.

Eh bien ! qu'est-ce que vous feriez à ma place ?

LA MÈRE-GRAND.

Je prendrais d'abord les quatre premières, et la cinquième viendra plus tard... quand elle pourra...

JONAS.

Oui-dà... vous croyez qu'on en approche comme on veut... Imaginez-vous que quand on veut en toucher une, son poing va tout seul, et son pied aussi... c'est une mécanique.

AIR : A soixante ans, on ne doit pas remettre. (*Le Dîner de Madelon.*)

Sans redouter aucune catastrophe,
J'y mets la main, et la sienne à l'instant
Sur cette joue applique une apostrophe ;
   Je me retourne vivement,
   Et crac ! voilà que lestement
   Ailleurs encor j'en reçois une ;
Mais ce n'est rien : maint autre que je voi
En philosophe en reçoit plus que moi ;
Car on prétend que pour faire fortune
Il n' faut pas regarder derrière soi.

GIANETTA.

Comment, monsieur Jonas, vous en avez reçu ?

JONAS, se tenant la joue.

Oui, de celle en or ; jugez si ç'avait été celle de diamant ! (Se tenant la joue.) Aussi dans ce moment je ne tiens pas beaucoup à l'or.

GIANETTA.

Vous avez bien raison !

LA MÈRE-GRAND.

C'est la source de tous les maux.

JONAS.

Surtout des maux de dents ! Mais c'est égal, je n'en démordrai pas, et ça ne m'empêchera pas de partir.

GIANETTA.

Partir ! et où donc ?

JONAS.

Au bout du monde, s'il le faut, par terre et par mer, jusqu'à ce que j'aie trouvé ma cinquième statue ; il n'y a pas d'autre moyen de la rencontrer.

LA MÈRE-GRAND.

Y penses-tu ? t'en aller ainsi ?

JONAS.

J'ai toujours eu envie de voyager.

LA MÈRE-GRAND.

Toi qui n'es jamais sorti de chez nous, qui ne sais pas ce que c'est que les voyages...

JONAS.

J'en ai tant lu, je ne lisais que cela presque ; je sais par cœur ceux de M. Gulliver ; un fameux voyageur celui-là ! Et jugez donc quel avantage quand le soir, au coin du feu, je vous raconterai des aventures à vous faire dresser les cheveux sur la tête !... Voilà le plaisir des voyages.

GIANETTA.

Et s'il vous arrive des malheurs ?

JONAS.

Puisque je te dis que c'est un voyage d'agrément.

AIR : Voulant par ses œuvres complètes. (Voltaire chez Ninon.)

Afin de trouver ma statue,
En amateur je veux courir.
Dans quelque contrée inconnue
J'espère bien la découvrir,
Et si je n'en rencontre aucune,
Mes voyages et mes écrits
Suffiront pour que mon pays
A mon retour m'en élève une !

Et c'est peut-être cela que mon père avait dans l'idée. Ainsi, ma mère-grand, faites-moi le plaisir d'arranger mon paquet ; et toi, Gianetta, vas au port me retenir une place dans le bateau à vapeur.

GIANETTA.

Si encore vous aviez quelqu'un avec vous ?

JONAS.

Ça me regarde.

AIR : Il faut partir, ô peine extrême. (*Le Tableau parlant.*)

LA MÈRE-GRAND.

Il veut partir, ô peine extrême !
Quitter ainsi ce fils que j'aime !
Combien je prévois de malheurs !
Je sens, hélas ! couler mes pleurs.

GIANETTA.

Il va partir, ô peine extrême !
Quitter ainsi tout ce que j'aime !
Ah ! plus d'espoir ni de bonheur !
J'en mourrai, je crois, de douleur.

JONAS.

Pour résister qu'il faut de cœur !
  Non, plus d'alarmes,
  Séchez vos larmes.
Je pars, mais pour votre bonheur !

(Les deux femmes sortent.)

SCÈNE V.

JONAS, seul.

Terreur de femmes ! visions chimériques ! que me voulez-vous ?... si on faisait attention à cela, on ne sortirait jamais de chez soi. Comment Christophe Colomb a-t-il découvert l'Amérique ? Il l'a découverte en la cherchant ; il cherchait sa quatrième partie du monde, comme moi je cherche ma cinquième statue ; et il a trouvé des richesses, et j'en trouverai aussi ; il est vrai qu'il avait des compagnons, et que je n'en ai pas.

SCÈNE VI.

JONAS, FRÉTINO.

FRÉTINO, entr'ouvrant la porte.

Monsieur Jonas!

JONAS.

Qui vient là? c'est Frétino, notre voisin.

FRÉTINO.

Je viens vous dire qu'ils n'y sont plus pour le moment.

JONAS.

Qui donc?

FRÉTINO.

Ces lazzaroni qui vous guettaient. Gianetta m'avait mis en sentinelle pour vous avertir...

JONAS.

Cette pauvre fille, elle pense à tout!

FRÉTINO.

Et vous pouvez sortir sans crainte.

JONAS.

Je te remercie; mais ça m'est égal, parce que maintenant je suis riche.

FRÉTINO.

Il serait possible!

JONAS.

C'est-à-dire je ne jouis pas encore de ma fortune, mais ça viendra, au retour d'un voyage que je vais entreprendre. (Le regardant.) Ah! mon Dieu! voilà mon affaire.

FRÉTINO.

Qu'est-ce donc?

JONAS.

Est-ce que tu aimerais les voyages, toi, Frétino?

FRÉTINO.

Les voyages?

JONAS.

Oui, tu m'as l'air d'un gaillard entreprenant, qui ne demande qu'à voir du pays.

FRÉTINO.

Ma foi non; car lorsque je perds de vue le clocher du village, ça me fait un effet...

JONAS.

Justement, l'émotion des voyages... Que sera-ce donc quand tu verras des régions inconnues, des montagnes de neige, des rochers de cristal; quand tu verras, comme M. Gulliver, dont je te raconterai les aventures, des royaumes suspendus, où tout le monde tient des discours en l'air, et des chevaux qui parlent raison en mangeant de l'avoine, et des femmes hautes comme des clochers, et des milliers d'hommes pas plus hauts que ta cheville, parmi lesquels tu seras un grand homme tout à ton aise!

FRÉTINO.

C'est-il possible! est-ce bien loin?

JONAS.

Pas extrêmement; avec de bons chevaux, une bonne voiture, et surtout un postillon qui sache le chemin, c'est l'essentiel, on est bien vite arrivé et d'une manière fort agréable.

FRÉTINO.

J'aimerais assez cela; mais ce que j'aimerais encore mieux, c'est de revenir.

JONAS.

Et tu as bien raison; le plaisir du retour, il n'y a rien de pareil, et c'est justement pour cela qu'il faut partir. Quel bonheur de raconter ce qu'on a vu; et je vais même plus loin, j'admets qu'on n'ait rien vu; qu'est-ce qui nous empêche... surtout quand on est là, dans un bon fauteuil auprès de la cheminée, et entouré de jobards qui n'y voient que du feu? Ainsi, mon cher Frétino, tu n'as plus d'objection à faire, et je te vois décidé.

FRÉTINO.

A rester ici.

JONAS.

Y penses-tu?

FRÉTINO.

Je ne demanderais peut-être pas mieux que de vous suivre, sans une raison qui me retient, c'est que je suis amoureux.

JONAS.

Toi!

FRÉTINO.

Air du vaudeville de la Robe et les bottes.

Mais amoureux comme une bête.
Depuis qu'ça m'trotte dans l'esprit,
Depuis qu'ça m'a tourné la tête,
J'n'ai plus d'sommeil ni d'appétit!
Et nuit et jour, dans ma douleur profonde,
J'bats la campagne et n'sais plus où j'en suis.
J'n'ai pas besoin d'aller courir le monde,
L'amour déjà m'fait voir assez d'pays!

JONAS.

La personne est donc de ce village?

FRÉTINO.

Je n'en sais rien.

JONAS.

Et où l'as-tu vue?

FRÉTINO.

Nulle part.

JONAS.

Au moins tu la connais?

FRÉTINO.

Pas le moins du monde.

JONAS.

Que diable me chantes-tu là, et comment cela t'est-il venu?

FRÉTINO.

Un soir que je me promenais près d'ici, dans les vignes, je l'ai rencontrée sous mes pieds.

JONAS.

Qui donc?

FRÉTINO.

Cette passion que j'ai là dans ma poche... ce portrait où il y a une si jolie figure que je n'ai jamais rien vu de pareil, et qu'à force de le regarder, j'en perdrai la raison, car personne n'a pu me dire quel était l'original.

JONAS.

Je serai peut-être plus heureux.

FRÉTINO.

C'est que je n'aime pas trop qu'on la regarde, surtout un beau monsieur comme vous.

JONAS.

Tu es jaloux, Frétino, et tu as tort... Il n'y a aucun inconvénient à ce que je la voie... Si elle me voyait, c'est diférent... je ne dis pas. (Regardant le portrait.) O ciel!...

AIR : Gai coco, gai coco, hiou.

Que vois-je, ma grand-mère!
Eh quoi! le téméraire
Veut être mon grand-père!
Ah! si je m'en croyais...
Mais l'honneur de ma mère
M'ordonne de me taire.

FRÉTINO.

De c'te jeune bergère
Vous connaissez les traits?

JONAS.

Oui, je crois la connaître.

FRÉTINO.

Où courir, mon cher maître,
Pour trouver tant de charmes?

JONAS.

Modère tes alarmes;
Il faudrait pour ceci
Bien courir, Dieu merci,
  Car ce sont des charmes
Qui sont loin d'ici!

FRÉTINO.

C'est égal, j'y vais toujours, droit devant moi.

JONAS, à part.

Droit devant lui... ce ne serait pas le moyen... ce serait plutôt à reculons. (Haut.) Mais n'importe, je t'emmène, tu ne me quitteras plus, nous partirons ensemble.

FRÉTINO.

C'est dit!

JONAS.

Je t'aiderai dans tes recherches, tu m'aideras dans les miennes. J'ai besoin d'un confident, d'un compagnon, d'un ami qui batte mes habits et qui cire mes bottes.

FRÉTINO.

Un instant!... je ne veux pas être votre domestique, je suis le fils d'un fermier; je suis fier; et puis je suis amoureux.

JONAS.

Calme-toi! qu'est-ce qui fait la domesticité? ce sont les gages; eh bien! tu n'en auras pas.

AIR du vaudeville de *Partie et Revanche.*

Pour toi l'argent est une injure,
J'approuve de tels sentiments;
Tu n'auras rien, je te le jure,
Et je tiendrai tous mes serments.

Voilà ma dépense arrêtée,
Tout est réglé, tu me suivras ;
En grand seigneur ma maison est montée,
Car j'ai des gens et ne les paîrai pas.

FRÉTINO.

C'est convenu... mais puisque nous sommes amis et que vous êtes riche, je vous demanderai seulement de me prêter...

JONAS.

Avec plaisir... mais dans ce moment je suis un riche malaisé... j'ai bien de l'argent... mais de l'argent qui dort.

FRÉTINO.

Vraiment ?

JONAS.

J'ai même de l'or... mais je ne veux pas y toucher, (se tâtant la joue.) pour des raisons à moi connues... Toi, c'est différent, je ne t'empêche pas ; et si tu veux te présenter à la caisse, tu seras toujours sûr de recevoir quelque chose.

FRÉTINO.

Je vous remercie.

JONAS.

Il n'y a pas de quoi... Mais voilà Jeannette et ma mère-grand qui viennent nous faire leurs adieux.

SCÈNE VII.

Les mêmes ; LA MÈRE-GRAND, GIANETTA.

LA MÈRE-GRAND.

C'est donc un parti pris... rien ne peut te retenir ?

JONAS.

Non, ma mère-grand ; et voilà Frétino, notre voisin, qui consent à m'accompagner.

LA MÈRE-GRAND.

Ce cher Frétino, s'exposer ainsi... J'avais bien raison ce

matin... quand je te parlais de l'inclination que j'avais pour lui... car j'en ai toujours eu...

FRÉTINO.

Vous êtes bien bonne, madame Jonas...

JONAS, à part.

Est-ce que ma grand-mère se douterait de quelque chose?... elle le regarde sans lunettes et d'un air... en tout cas, il est toujours plus prudent de les éloigner.

GIANETTA.

Tenez, monsieur Jonas, voilà votre paquet... que j'ai arrangé moi-même, et votre place est retenue sur le bateau à vapeur.

JONAS.

Et le signal du départ...

GIANETTA.

On avertira les passagers comme à l'ordinaire par un roulement de tambour.

JONAS.

Pauvre petite Jeannette!... elle a bien du chagrin...

LA MÈRE-GRAND, à demi-voix.

Et de toutes les manières... car cette pauvre enfant a une passion dans le cœur.

JONAS.

Vraiment? (A part.) Moi qui avais des idées! Raison de plus pour partir moi et mes idées. (A demi-voix.) Et connaît-on l'objet?...

LA MÈRE-GRAND, de même.

Elle n'a pas voulu me le dire.

JONAS, de même.

Ils sont donc tous amoureux, dans cette maison-ci... (Haut, froidement.) Adieu, mademoiselle Gianetta; je désire, à mon retour, vous trouver heureuse... moi je pars pour le tour du monde, et si vous avez quelques commissions à me donner pour ce pays-là...

GIANETTA.

Je ne vous demande, moi, que de bien prendre garde à vous... de ne pas vous exposer, de ne pas être malade... et surtout de ne pas voyager par terre à cause des assassins et des brigands.

LA MÈRE-GRAND.

Et moi je ne veux pas qu'il voyage par mer à cause des naufrages... Il y a un vaisseau qui a manqué périr avant-hier, parce qu'il a rencontré à quelques lieues d'ici une immense baleine, qui d'un coup de sa queue a manqué le faire chavirer.

JONAS.

Des baleines... nous nous en moquons bien; et si nous en rencontrons nous les pêcherons à la ligne... n'est-ce pas, Frétino?... Allons, partons. (Regardant Gianetta.) Je voudrais maintenant être déjà loin d'ici.

FINALE.

JONAS.

AIR : Entendez-vous, c'est le tambour. (*La Fiancée.*)

Ma mère-grand, c'est le tambour;
Chacun s'embarque, voici l'heure,
Vous l'entendez, c'est le tambour,
Frétino, quittons ce séjour.

LA MÈRE-GRAND.

Quoi! tu pars, tu quittes ainsi ta demeure?
Mon enfant, mon enfant, reste encore un jour.

TOUS.

Entendez-vous, c'est le tambour.

GIANETTA.

Vous quittez donc notre séjour?

LA MÈRE-GRAND.

Mes chers enfants, prenez bien garde!

FRÉTINO.

Nous reviendrons, n'ayez pas peur.

JONAS.

Ah! comm' ma mère-grand le regarde!
Il faut partir, allons, du cœur!
Frétino, vite à l'avant-garde!

FRÉTINO.

Qu'il est cruel, et quel malheur
D'être amoureux et voyageur!

JONAS.

Tout nous seconde,
Au bout du monde
On nous attend, doublons le pas.
La route est belle,
Plutus m'appelle,
Visitons ses riches climats.

TOUS.

Tout les seconde,
Au bout du monde
On vous attend, doublez le pas.
La route est belle,
On vous appelle,
Visitez ces riches climats.

JONAS.

Mère-grand, embrassons-nous bien vite.
(Froidement à Gianetta.)
Adieu, mam'zell', je vous quitte.

LA MÈRE-GRAND.

Embrasse la pauvre petite.
C'est bien le moins dans un tel jour!

FRÉTINO.

Puisqu'il paraît que c'est l'usage,
Quand on se met en voyage,

(S'avançant pour embrasser la mère-grand.)
Madam' Jonas, à mon tour.

JONAS.

Non, mon cher, et pour cause
A cet adieu-là je m'oppose.

FRÉTINO.

Monsieur Jonas, pourquoi donc?...

JONAS.

Tu m'en demandes la raison?
N'entends-tu pas, c'est le tambour;
Chacun s'embarque, voici l'heure, etc.

TOUS.

Entendez-vous, c'est le tambour;
Chacun s'embarque, voici l'heure, etc.

(Jonas et Frétino sortent.)

ACTE DEUXIÈME

La pleine mer. On n'aperçoit d'abord que des vagues ; puis, au fond de l'horizon, on distingue à la surface des flots un point noir qui s'avance lentement et augmente à vue d'œil. On distingue enfin une énorme baleine qui arrive jusqu'au dernier plan du théâtre, en face des spectateurs : elle est en travers ; sa queue, que l'on ne voit point, est dans la coulisse à droite ; sa tête touche la coulisse à gauche. Sur le premier plan à gauche, l'œil de la baleine ; sur le second, du même côté, deux jets d'eau parallèles qui sortent de ses naseaux et vont continuellement. La baleine est d'abord un peu agitée et fait quelques mouvements ; son œil s'ouvre et se ferme peu à peu ; elle se calme et reste immobile. En ce moment une partie du flanc de la baleine s'ouvre pour le spectateur seulement, et lui présente l'intérieur divisé en divers compartiments, formés par des arêtes.

SCÈNE PREMIÈRE.

JONAS, seul dans un des premiers compartiments intérieurs ; il est sur un petit banc et devant une table fabriquée avec des arêtes de poisson.

Là, là, là, là, voilà pourtant la maison qui se tient tranquille ; c'est terrible d'être dans un domicile qui va tantôt à la cave, tantôt au grenier ! ça vous renverse toutes les idées ; il paraît cependant que la baleine s'est endormie, car elle ne remue plus ! O mon bon ange, dans quel asile avez-vous donc conduit le pauvre Jonas, et que dirait ma mère-grand, si elle savait que depuis huit jours je suis locataire amphibie de cet appartement ! C'était dans un état, quand je l'ai pris... ce n'était vraiment pas habitable! Et pas une issue... Pour peu même qu'on s'approche de ces grands couloirs, qui sont à droite et à gauche du corps de logis, et que je présume être les oreilles de notre propriétaire... on entend le bruit des vagues, bou-hou!... bou-hou... nous sommes en pleine mer... c'est sûr! Aussi je vous demande si mon histoire est possible et si cela ressemble à quelque chose... dire qu'au moment de notre naufrage il se soit trouvé là une baleine gastronome qui justement ce jour-là n'avait pas dîné, c'est peut-être invraisemblable, j'en conviens, mais dès qu'il fallait entrer quelque part... j'aime autant être entré chez elle. La maison est belle, vaste et bien aérée... une charpente admirable... On ne connaît pas assez les baleines; pour bien en juger, il faut comme moi avoir été dedans.

AIR : Dieu que c'est beau! (La Petite Lampe merveilleuse.)

Dieu ! que c'est beau! j'ai peine à suivre
Tous ces arceaux en sens divers.
Monsieur Buffon dit, dans son livre
« La baleine est le roi des mers. »
Et quand on est dans un empire,
Il est, quoi qu'on en puisse dire,
Fort agréable, selon moi,
De loger chez le roi.

Aussi si jamais je sors de son palais, Dieu sait comme j'en conterai; je veux même faire la relation véridique de mon voyage... relisons un peu les notes que j'ai jetées sur mon journal. (Lisant.) « Le dix-huit février, j'étais dans la
« chambre du vaisseau, pensant au voyage que j'avais entre-
« pris, à ma mère-grand et à cette petite Gianetta, que j'ai-
« mais comme un enragé depuis que j'avais appris qu'elle
« en aimait un autre; et comme c'était le mardi-gras, je
« m'amusais à faire des beignets, lorsque Frétino, mon ami
» et mon domestique, entra m'annoncer qu'une tempête se
« préparait et que le bâtiment faisait une voie d'eau consi-

« dérable ; je me recommandai à mon bon ange et j'envoyai
« Frétino travailler à la pompe...
  « Le dix-neuf, mercredi des cendres, tout à coup il se fit
« un grand bruit ; c'était le vaisseau qui enfonçait... Je
« fermais les yeux pour ne rien entendre, lorsque je me
« trouvai dans l'eau avec Frétino, qui s'était attaché à ma
« ceinture et qui ne m'aurait pas quitté pour un empire...
« Bon et digne serviteur... Je voulais lui faire lâcher prise ;
« il ne voulait pas, et dans ce combat de générosité, nous
« descendions toujours vers la cave... lorsque j'aperçus une
« espèce de soupirail... Dans ces moments-là on se fourre
« où l'on peut... je m'y lançai à corps perdu, Frétino en fit
« autant, et nous nous trouvâmes dans un corridor obscur
« et étroit où nous restâmes quelques instants sans pouvoir
« avancer. » (S'arrêtant.) Je suis certain maintenant, à n'en
pouvoir douter, que ce passage-là n'était autre chose que
le gosier de la baleine... et la preuve c'est que je sentis
fort bien ce mouvement-ci. (Imitant le mouvement de quelqu'un qui
avale. — Lisant.) « ... et à l'instant même nous nous trouvâmes
« dans une pièce spacieuse et que je présume être son esto-
« mac... Ce fut là que nous passâmes la nuit. Le vingt, nous
« déjeunâmes assez gaîment avec quelques centaines d'hui-
« tres que notre hôtesse avait avalées le matin. Le vingt et
« un, la baleine ayant eu des douleurs d'estomac, sans doute
« à cause de notre séjour dans le sien, ne voulut pas man-
« ger de la journée et nous ne prîmes rien.
  « Le vingt-deux, nous cherchâmes alors à pénétrer dans
« l'intérieur du bâtiment, et nous trouvâmes une grande
« pièce que je présumai être le ventre et que j'appelai le
« corps de logis ; je m'en établis propriétaire ; la baleine
« sentant moins de pesanteur sur l'estomac, déjeuna légè-
« rement, et nous eûmes cinq ou six saumons pour notre
« dîner ; depuis elle a continué de nous pourvoir en abon-
« dance.
  « Le vingt-trois, je réglai définitivement l'intérieur de
« notre habitation... de sorte que je mangeai dans l'es-

« tomac, je couchai sur le ventre, et je mis Frétino sur
« le derrière. Le vingt-quatre, je bâillai toute la matinée.

« Le vingt-cinq, je me reposai et je fis faire à Frétino
« cette petite table et ce banc avec des arêtes de poisson.

« Le vingt-six, nous étions chacun dans nos chambres quand
« toute l'habitation fut ébranlée par de vives secousses; il
« paraît que la maison était attaquée; j'envoyai Frétino à
« la découverte... il regarda par les yeux de la baleine et
« découvrit que nous étions aux prises avec un ennemi re-
« doutable, qu'à ses longues rangées de dents, je jugeai être
« un requin ou un marsouin.

« Le vingt-sept, le combat continua, et la baleine se dé-
« fendit si vivement, que Frétino, qui était ordinairement à
« la queue, ne pouvait y rester à cause des grands coups
« qu'elle en allongeait... Nous étions ici tous deux qui fai-
« sions notre possible pour l'encourager et lui remettre le
« cœur au ventre! Frétino lui criait toujours : Défends ta
« queue!... défends ta queue! » Enfin elle triompha, et c'est
là que j'en suis resté de ma relation.

AIR de Marianne. (DALAYRAC.)

Quel bruit !... quelle rumeur soudaine
Lorsqu'un jour on annoncera :
Mémoir's secrets d'une baleine,
Par un monsieur qui l'habita!
On clabaud'ra,
J'entends déjà
Tout ce qu'on va dire sur cet ouvrage-là.
L'un dira ci, l'autre dira ça.
Puis l'autre dira
Patati patata.
Enfin si je puis en cachette,
Sitôt que je l'aurai vendu,
Obtenir qu'il soit défendu,
V'là ma fortune faite!

SCÈNE II.

JONAS, FRÉTINO.

FRÉTINO.

Je vous dérange, monsieur Jonas?

JONAS.

Peux-tu le penser? un ami aussi fidèle!

FRÉTINO.

Je viens vous parler de notre déjeuner.

JONAS.

Qu'est-ce que nous avons aujourd'hui?

FRÉTINO.

D'abord un saumon.

JONAS.

Est-ce bien frais?

FRÉTINO.

De ce matin; j'étais là quand notre propriétaire l'a avalé, je l'ai vu passer.

JONAS.

Ah! tu étais au passage du saumon... c'est bien; et après.

FRÉTINO.

Une centaine d'éperlans...

JONAS.

Toujours du poisson!

FRÉTINO.

Que je veux mettre en friture pour vous changer un peu... vous savez que j'ai sauvé notre poêle... car je faisais des beignets au moment du naufrage et je l'ai gardée à la main.

JONAS.

Ce qui a dû te gêner, quand j'y pense.

FRÉTINO, battant le briquet.

Dame! vous savez que le plus embarrassé est toujours celui qui tient la...

JONAS.

C'est juste... aussi je vais le consigner dans notre journal de voyage... car tout ce que tu fais, Frétino, je l'écris.

FRÉTINO, battant le briquet.

Vraiment?

JONAS.

Vois plutôt... « Le vingt-huit, Frétino se mit à battre le « briquet, et ramassant les morceaux de bois que notre « propriétaire avalait continuellement, il en fit un bon feu. » Tâche surtout que la friture soit bien légère... comment la fais-tu?...

FRÉTINO.

A l'huile. L'huile de baleine, il n'en manque pas.

JONAS, près de la table et écrivant.

Ça ne doit pas être mauvais.

COUPLETS.

Premier couplet.

FRÉTINO, tenant la poêle.

AIR : Pauvre dame Marguerite (La Dame blanche.)

C'que c'est pourtant que les hommes!
Ce que c'est que les poissons...
Que la baleine où nous sommes
Fait fair' de réflexions!
Hélas! dans sa faim cruelle,
Nous fûmes mangés par elle,
Et ces jeunes éperlans
Le seront par nous, j'en soupire.

(Remuant la poêle.)

Tournez dans la poêle à frire,
Tournez, goujons innocents,
Tournez, tournez, car en tout temps
Les p'tits sont mangés par les grands!

Deuxième couplet.

Oui, nos destins sont semblables,
Les sous-fermiers, les traitants
Grugent leurs contribuables,
Les procureurs, leurs clients;
Chacun se mange à la ronde,
Hélas! et dans ce bas monde,
Nous retournant en tous sens,
Le destin semble nous dire:
Tournez dans la poêle à frire,
Tournez, pauvres innocents,
Tournez, tournez, car en tout temps
Les p'tits sont mangés par les grands!

JONAS, le regardant.

Comme tu tiens ta poêle!... prends garde de renverser... il n'en faudrait pas davantage pour donner à notre propriétaire une inflammation d'entrailles... on en voit tant!

FRÉTINO, retournant sa poêle.

N'ayez pas peur! Mais vous avouerez, monsieur, que pour un voyage d'agrément, comme vous me l'aviez dit, ça commence bien... une fameuse auberge.

JONAS.

Nous pouvions plus mal tomber... pour moi surtout, qui suis misanthrope et qui déteste les hommes.

FRÉTINO.

Il n'y a pas à craindre qu'ils viennent vous déranger.

JONAS.

Ici plus d'ambitions comme là-haut, plus de préjugés, plus de disputes... seul avec un ami véritable que j'ai le plaisir de posséder chez moi...

FRÉTINO.

Chez moi... c'est-à-dire chez nous.

JONAS.

Je t'ai dit chez moi.

FRÉTINO, se levant et laissant la poêle sur le feu.

Et c'est là où je vous arrête... car enfin la baleine est à nous deux...

JONAS.

C'est ce qui te trompe... Je veux bien t'y loger, et avec plaisir, mais elle m'appartient.

FRÉTINO.

Pas plus qu'à moi.

JONAS.

J'y suis entré le premier.

FRÉTINO.

Nous y sommes entrés en même temps.

JONAS.

J'y étais avant toi... et j'en ai pris possession par droit de conquête, *primo occupanti*... si tu entends le latin.

FRÉTINO.

Non, monsieur... mais ce que je sais, c'est que le soleil luit pour tout le monde.

JONAS.

Pas ici... monsieur, et vous me devez foi et hommage.

FRÉTINO.

Je ne reconnais pas de maître.

JONAS.

Vous reconnaîtrez du moins que notre souverain à tous deux c'est la baleine.

FRÉTINO.

C'est vrai.

JONAS.

Et c'est moi qui suis son ministre de l'intérieur.

FRÉTINO.

C'est moi.

JONAS.

C'est moi.

Ensemble.

JONAS.

AIR du vaudeville du Château de mon oncle.

Voyez cet ambitieux,
Qui prétendrait dans ses vœux
Me chasser de ces lieux !
Va, tu n'es qu'un séditieux !
Je prétends et j'entends bien
Rester maître de mon bien.
  Ce terrain est le mien,
  Et je le prouverai bien.

FRÉTINO.

Est-il donc ambitieux !
Que manque-t-il à ses vœux ?
  Ce séjour spacieux
Est assez grand pour nous deux.
Comme vous, moi je soutien
Que ce terrain est mon bien.
  C'est le mien comm' le sien,
  Et je le prouverai bien.

  Mais voyez donc comme
  Est le cœur de l'homme,
  Ils ne peuvent entre eux
  Vivre en paix dès qu'ils sont deux.

JONAS.

  Si l'on me résiste,
  Je vais, j'y persiste,
  Te mettre hors de ces lieux.

FRÉTINO.

Je ne demande pas mieux.

Ensemble.

JONAS.
Voyez cet ambitieux, etc.

FRÉTINO.
Est-il donc ambitieux, etc.
(A la fin de l'air on entend un grand bruit, et la baleine recommence à s'agiter.)

JONAS.
Écoute donc! Il me semble que la maison remue; est-ce une visite qui nous arrive?

FRÉTINO.
Encore quelque combat... quelque requin qui nous aura entendus ; et pendant que nous nous disputons l'autorité à nous deux...

JONAS.
Peut-être qu'un troisième... Dis donc, Frétino, va regarder.

FRÉTINO.
Et par où?

JONAS.
Et parbleu!... par l'œil de notre propriétaire; tu sais bien que nous ne voyons que par ses yeux.

FRÉTINO.
A la bonne heure!... je vais à notre observatoire et je reviens sur-le-champ... Attendez-moi.

SCÈNE III.

JONAS, seul.

Sans qu'il y paraisse... il est impossible d'être plus ambitieux que ce petit garçon-là, (Prenant la poêle et mangeant les poissons qui sont dedans.) et surtout plus égoïste... il ne pense qu'à lui... Aussi s'il était jamais mon grand-père... mais il n'y a pas de risque que je donne mon consentement... un gaillard... qui ne sait pas même faire la friture... celle-ci est manquée et pendant que nous nous disputions... ces pauvres éperlans... se sont desséchés et calcinés. (Les mangeant.) Misérables victimes des discussions des hommes et des divisions intestines!

SCÈNE IV.

JONAS, FRÉTINO.

FRÉTINO, roulant un grand coffre.

Monsieur Jonas! monsieur Jonas!

JONAS.

Qu'est-ce donc?

FRÉTINO.

Venez m'aider... car c'est joliment lourd... voilà ce que madame vient d'avaler.

JONAS, regardant.

Un vase de bronze!

FRÉTINO.

Quand je vous dis qu'elle a un estomac de fer... Eh mais! il y a sur ce vase des caractères tracés... voyons, lisons : *ane... anneau du roi Salomon.*

JONAS.

Il faut que ce soit bien précieux, car c'est bien fermé.

FRÉTINO.

Ouvrons toujours...

(Ils lèvent ensemble le couvercle, il sort du vase une épaisse fumée.)

JONAS.

Ah! mon Dieu, quelle fumée!... pouah! c'est pire qu'un

estaminet. (Y fourrant la main.) Un anneau... et un papier. (Lisant.) « Jonas... » Tiens, c'est à moi! comment ont-ils su mon adresse... « Je sais ce qui t'amène, et je t'attendais « depuis trois mille ans... » (S'interrompant.) Par exemple, je suis bien fâché d'avoir fait attendre si longtemps. (Continuant.) « Je t'attendais depuis trois mille ans, pour te donner le « moyen de trouver la cinquième statue que tu cherches. » Il se pourrait!...

FRÉTINO.

Achevez donc vite.

JONAS, continuant.

« L'anneau ci-joint est celui du puissant roi Salomon; il « l'avait autrefois donné à une de ses femmes, la sultane « Rébecca, qui était l'esprit de contradiction en personne. « Or, cet anneau t'aidera dans tes recherches, et disparaîtra « quand tu auras réussi. Mais je te préviens qu'il exécutera « toujours le contraire de ce que tu ordonneras; ainsi, « prends garde à toi! »

FRÉTINO.

Comment! ça fera toujours le contraire de ce que nous dirons?

JONAS.

Encore des devinottes... Ils savent que je ne les aime pas, et ils m'en donnent exprès pour nous casser la tête. C'est égal, essayons toujours... donne-moi l'anneau et tiens-toi bien... Qu'est-ce qu'il faut demander?

AIR : Montagne, montagne. (AMÉDÉE DE BEAUPLAN.)

Prononce; (*Bis.*)
De tes avis je veux m'aider.
Prononce, (*Bis.*)
Qu'faut-il demander?

FRÉTINO.

De ces lieux d'mandez qu'on nous sorte;
Allons, parlez d'une voix forte.

JONAS, criant.

A l'instant j'entends et je veux
Qu'au-dessus des flots orageux
On nous porte tous deux.
(Le ventre de la baleine s'entr'ouvre et on les voit redescendre.)

JONAS et FRÉTINO.
J'enfonce ! (*Bis.*)

JONAS.
Lach' moi donc !

FRÉTINO.
J'vous serr' dans mes bras.
J'enfonce,
Je n'vous quitt'pas !
(Ils disparaissent tous les deux.)

SCÈNE V.

(Le théâtre change et représente le fond de la mer; une grotte maritime située sous les eaux; on voit au-dessus de la tête couler les vagues; sur le premier plan, une néréide endormie et appuyée sur son urne.)

LA NÉRÉIDE, JONAS, FRÉTINO.

JONAS, à Frétino.

Ah ! çà, veux-tu me lâcher ! Qu'est-ce que c'est donc que cette mauvaise habitude-là ? Je vous préviens, Frétino, que la première fois que nous enfoncerons ensemble, je n'entends pas que vous vous attachiez ainsi à moi...

FRÉTINO.

Je ne m'attendais pas à vous voir blâmer un excès d'attachement.

JONAS.

C'est la cause que nous avons été à fond une fois plus vite.

FRÉTINO.

Aussi, c'est votre faute... On vous avait prévenu que cet

anneau faisait tout le contraire de ce qu'on lui disait, et vous allez demander qu'on nous sorte de l'eau!

JONAS.

Je vois bien maintenant que c'était le moyen de nous couler bas; mais pourquoi aussi ordonne-t-on des choses si difficiles... Moi, ça m'embrouille... Ah! ça, il paraît que nous ne descendons plus et que nous voilà arrivés.

FRÉTINO.

Si nous remontions tout de suite?

JONAS.

Il faut au moins le temps de respirer, et puisque nous voilà... (Regardant en haut.) Ah! mon Dieu! où sommes-nous donc?

FRÉTINO.

AIR du vaudeville de *l'Actrice*.

Voyez au-dessus d'notre tête
Les flots faire des sauts et des bonds,
Et même au milieu d'la tempête
Nous voyons passer des poissons.

JONAS.

J'admire ce miracle insigne,
Ce n'est plus comme en notre sol,
Au lieu de les prendre à la ligne
On pourrait les tirer au vol!

FRÉTINO.

Monsieur, regardez donc cette petite fille appuyée sur ce vase, et qui dort si profondément.

JONAS.

C'est quelque fleuve ou quelque rivière souterraine.

FRÉTINO.

Silence!... je crois qu'elle s'éveille.

JONAS.

Tant mieux... car il n'y a pire eau que l'eau qui dort.

Attends... attends, nous allons savoir où nous sommes. (Frottant son anneau.) J'ordonne qu'elle vienne à nous, et qu'elle nous parle.

FRÉTINO.

Elle ne bouge pas, et elle ne dit rien; est-ce que nous nous serions trompés? est-ce que ce serait une statue?

JONAS.

Une statue... Si c'était ma cinquième!... Madame... Je vais bien le voir... Madame... Décidément elle ne dit rien... c'est bien étonnant.

FRÉTINO.

Eh non! c'est tout naturel... c'est encore votre faute ou plutôt celle de l'anneau... Qu'est-ce que vous avez dit tout à l'heure?

JONAS.

J'ai dit: Je veux qu'elle parle.

FRÉTINO.

Justement!

JONAS.

Diable d'anneau... Quand on n'y est pas habitué! Eh bien! qu'elle reste là et qu'elle ne parle pas!

LA NÉRÉIDE, venant à eux et avec volubilité.

Que vois-je! des mortels dans ces lieux où les divinités de l'Océan ont seules le droit de pénétrer!... Jamais visite pareille ne nous était encore arrivée. Qui êtes-vous? Que voulez-vous? que demandez-vous?

JONAS, à Frétino.

Tu avais raison... il n'y avait que cela qui la retenait.

LA NÉRÉIDE.

Répondez! D'où sortez-vous?

JONAS.

Mon Dieu, madame, je vous demande la permission de ne pas vous le dire... parce que vous ne me croiriez pas...

Notre voiture est restée là-haut... Mais daignerez-vous nous apprendre où nous sommes?

LA NÉRÉIDE.

Vous êtes dans le palais d'Amphitrite, situé sous les eaux. Vous n'en avez guère que deux ou trois mille pieds sur la tête; c'est ici le rendez-vous de tous les fleuves et de toutes les rivières. Ces messieurs et ces dames, quand ils ont achevé leur tournée et fini leurs cours, viennent causer ici sur la pluie et le beau temps. Vous pouvez les apercevoir.

FRÉTINO, regardant à gauche.

C'est ma foi vrai!

JONAS.

Quel est ce grand qui a une tournure allemande?

LA NÉRÉIDE.

C'est le Rhin...

FRÉTINO.

Et ce petit sec, habillé à l'espagnole?

LA NÉRÉIDE.

C'est le Tage...

JONAS.

Il cause avec une demoiselle qui a l'accent gascon.

LA NÉRÉIDE.

C'est la Garonne.

JONAS.

AIR: Le briquet frappe la pierre. (*Les deux chasseurs.*)

Quelle est cette autre Française
Dont l'aspect est libre et fier?

LA NÉRÉIDE.

C'est la Seine.

FRÉTINO.

Elle a bon air.
L'autre habillée à l'anglaise?

LA NÉRÉIDE.

La Tamise.

JONAS.

Beau maintien.
Et ce gros qui ne dit rien?

LA NÉRÉIDE.

Le Danube.

JONAS.

C'est très-bien !
Je lui trouve un air despote.
Pourquoi cet accoutrement :
Habit vert et gros turban?

LA NÉRÉIDE.

C'est que dans le doute il flotte,
Ignorant dans ce moment
S'il est russe ou musulman,
S'il sera russe ou musulman.

JONAS.

Et vous, madame, est-ce que vous seriez quelque rivière de notre connaissance?

LA NÉRÉIDE.

J'en doute ; car je ne fais pas grand bruit dans le monde : on m'appelle des Gobelins.

JONAS.

Vous seriez cette fameuse rivière des Gobelins?

LA NÉRÉIDE.

Néréide subalterne, qui ne suis ici que pour la galerie.

JONAS.

Je comprends! pour faire tapisserie. Pardon, mademoiselle, de vous avoir dérangée; ce n'est pas ici, je le vois bien, que je trouverai ce que nous cherchons.

LA NÉRÉIDE.

Au contraire, vous ne pouvez mieux rencontrer; nous avons ici tout ce qui se perd là-haut; c'est un pays très-riche que le nôtre. Les cargaisons de vos négociants, les galions du nouveau monde, les frégates à courant d'eau, les cloches hydrauliques, et tant de projets qui sont tombés dans l'eau...

FRÉTINO.

Ce n'est pas ça qu'il nous faut.

LA NÉRÉIDE.

Sans compter mille inventions nouvelles qui font d'abord grand bruit chez vous, et qui tôt ou tard finissent par arriver à ce grand fleuve que vous voyez et qu'on appelle le fleuve d'Oubli.

JONAS.

Il serait possible !

LA NÉRÉIDE.

AIR : Ces postillons sont d'une maladresse

Peines, chagrins, grâce à lui tout s'efface,
Ce qu'on était on l'oublie à l'instant.
    Vos parvenus, vos gens en place
    En font usage fréquemment,
Et les amants encore plus souvent !

JONAS.

Ah ! si ces eaux enlèvent la mémoire,
Daignerez-vous m'en donner ?

LA NÉRÉIDE.

              Volontiers.
Est-ce pour vous ?

JONAS.

          Non, pour en faire boire
A tous mes créanciers.

LA NÉRÉIDE.

Mais nous avons ici une source plus précieuse encore.

FRÉTINO.

Et laquelle ?

LA NÉRÉIDE.

C'est la fontaine de Jouvence.

AIR de *l'Aimable Thémire.*

Sa source enchanteresse
De l'hiver fait l'été,
Et donne la jeunesse
Ainsi que la beauté.
Par cette onde immortelle
On plaît toujours.

FRÉTINO.

Vraiment!
Je vois qu'mademoiselle
Doit s'y baigner souvent.

JONAS.

Si j'osais vous en demander quelques bouteilles.

LA NÉRÉIDE.

Il ne tient qu'à vous d'en puiser... tenez, de ce côté.

JONAS.

Frétino... va vite avant que nous ne partions.

AIR du vaudeville des *Scythes et les Amazones.*

Pourvu tout'fois qu'en ces lieux l'ordonnance
Nous permett' d'les emporter?

LA NÉRÉIDE.

Mais sans danger vous le pouvez, je pense;
Personne ici ne peut vous arrêter.

FRÉTINO.

Nous pourrons donc remonter vers la terre,
Et sans payer de commis ni d'octrois,
A moins qu'on ait placé près d'la barrière
Quelques requins pour percevoir les droits.

(Il sort.)

SCÈNE VI.

JONAS, LA NÉRÉIDE.

LA NÉRÉIDE.

Si c'est pour cela que vous veniez, vous serez bientôt satisfait.

JONAS.

Je vous avoue, mademoiselle des Gobelins, que j'aurais bien quelque chose à vous demander ; mais je crains que vous ne puissiez pas me dire au juste où est ce que je cherche.

LA NÉRÉIDE.

Jusqu'à présent, cela me serait difficile, mais nous avons en ces lieux une nymphe jeune et belle qui en sait plus que moi et à qui rien n'est caché.

JONAS, vivement.

C'est mon bon ange qui m'a conduit près d'elle ! Et vous croyez que cette jeune personne pourra m'apprendre...

LA NÉRÉIDE.

Tout ce que vous voudrez savoir.

JONAS.

Elle est donc bien instruite... pour une femme ?

LA NÉRÉIDE.

C'est ce que tout le monde dit ; et ce qui vaut encore mieux, elle ne vous trompera jamais.

JONAS.

O miracle sans pareil !... Et quel est son nom ?

LA NÉRÉIDE.

La Vérité.

JONAS, étonné.

La Vérité !

LA NÉRÉIDE.

Est-ce qu'elle vous fait déjà peur?

JONAS.

Comment, elle est ici à domicile?

LA NÉRÉIDE.

Où voulez-vous donc qu'elle soit, n'étant pas sur terre?

JONAS.

Il faut bien qu'elle soit dessous, vous avez raison. C'est donc ça, qu'on m'a toujours dit qu'elle habitait dans un puits?

LA NÉRÉIDE.

A peu près; car elle demeure depuis trois ou quatre mille ans dans ce beau palais de cristal que vous voyez d'ici...

JONAS.

Un palais de cristal! singulier hôtel. Au fait, elle est assez précieuse et assez rare pour qu'on la mette sous verre! Venez, guidez-moi.

AIR : Si ça t'arrive encore. (La Marraine.)

Ce palais sans doute est bâti
Près d'un fleuve ou d'une rivière,
Car vous en avez tant ici!
   (Montrant le côté des fleuves.)
Est-ce par là?

LA NÉRÉIDE, montrant le côté opposé.

   Tout au contraire,
Elle habite de ce côté.
On a mis, pour raison fort bonne,
Le palais de la Vérité
   Bien loin de la Garonne!

JONAS.

Est-ce étonnant! moi qui ne la cherchais pas, la rencontrer ainsi par hasard!

LA NÉRÉIDE.

Les plus grands savants n'en font jamais d'autres ; venez, je vais vous conduire.

SCÈNE VII.

Les mêmes ; FRÉTINO.

FRÉTINO, tenant plusieurs fioles.

Monsieur Jonas ! monsieur Jonas ! j'ai notre provision.

JONAS, prenant quelques fioles et les mettant dans sa poche.

C'est bien ! c'est bien !

FRÉTINO.

Surtout, n'allez pas casser les fioles ! Car c'est une eau si merveilleuse, que cette eau de Jouvence !... Imaginez-vous qu'en me baissant pour puiser à cette fontaine, j'y ai laissé tomber ma casquette qui était si vieille... vous savez...

JONAS.

Eh bien !

FRÉTINO.

Eh bien ! je l'ai retirée... c'était un castor tout neuf... C'est-il heureux !

AIR : Au clair de la lune.

Tout est vieux sur terre..
Que d'peine on s'donna
Souvent pour refaire
Ce qu'on fit déjà !
Auteurs d'tout's espèces,
(Montrant son chapeau.)
Contemplez-moi ça,
Et portez vos pièces
A c'te fontain' là.

JONAS.

Il est de fait que c'est très-commode, et quand je songe à ma toilette... (A la Néréide.) Pouvons-nous passer par là en allant au palais de cristal?

LA NÉRÉIDE.

Pourquoi?

JONAS.

A cause de mon habit qui est de l'année dernière ; je ne serais pas fâché de le mouiller un peu pour lui donner un air de fraîcheur.

LA NÉRÉIDE.

C'est inutile ; la Vérité ne tient pas au costume.

JONAS.

C'est juste... car on dit que le sien... ce n'est pourtant pas faute de miroir... Et vous croyez qu'elle nous recevra bien?

LA NÉRÉIDE.

Je l'ignore ; il y a trois sortes de gens qui sont très-mal avec elle, les charlatans, les courtisans et les voyageurs.

JONAS.

Nous sommes de ce nombre.

FRÉTINO.

Alors, monsieur, n'y allons pas.

LA NÉRÉIDE.

Je dois vous prévenir aussi qu'en approchant, on est ébloui, et qu'à moins de détruire ce palais de cristal, dont l'éclat peut vous faire perdre la vue...

JONAS.

Il fallait donc le dire ; moi qui y allais pour m'éclairer, je ne me soucie pas d'en revenir aveugle.

LA NÉRÉIDE.

Alors que voulez-vous?

JONAS.

Qu'elle reste chez elle ; car je ne veux ni la voir ni briser son palais. (On entend en dehors un grand bruit.) Voilà de la vaisselle qui se casse.

LA NÉRÉIDE, s'enfuyant.

Tout est perdu! c'est le palais qui est en morceaux.

FRÉTINO.

Encore votre talisman! vous ne prenez jamais garde.

JONAS.

Est-ce que j'y pensais!

SCÈNE VIII.

JONAS, FRÉTINO, LA VÉRITÉ, son miroir à la main, FLEUVES et RIVIÈRES.

Ensemble.

LA VÉRITÉ et LES FLEUVES.

AIR : A ce soir, à minuit.

Un mortel en ces lieux!
Quel est le téméraire
Qui, bravant ma colère,
Se présente à mes yeux?

JONAS et FRÉTINO.

Excusez en ces lieux
Un mortel téméraire
Qui craint votre colère
Et l'éclat de vos yeux.

LA VÉRITÉ.

Auprès de moi qui vous attire?

JONAS.

C'était le désir de savoir.

FRÉTINO.

Et nous commençons dans votre empire
Par un'bêtis', sans le vouloir.

JONAS.

A vos bontés voilà nos titres,
Ce n'est pas notre faute, hélas!

FRÉTINO.

Car près des dam's nous n'avons pas
L'usage de casser les vitres.

Ensemble.

LA VÉRITÉ.

Approchez tous les deux;
Je n'ai plus de colère,
Je vais vous satisfaire
Et combler tous vos vœux.

FRÉTINO et JONAS.

Approchons tous les deux;
Oubliant sa colère,
Ell' va nous satisfaire
Et combler tous nos vœux.

JONAS.

Vous êtes donc assez bonne pour nous pardonner notre indiscrétion?

LA VÉRITÉ.

Ceux qui me recherchent sont si rares qu'il faut leur savoir gré de leur visite.

JONAS.

Et vous ne m'en voulez pas de la casse de votre palais?

LA VÉRITÉ.

Il sera bientôt reconstruit...

JONAS.

Vraiment?... (Se reprenant.) Je vous crois sur parole. Et certainement, madame, c'est un honneur pour nous...

LA VÉRITÉ.

Je n'aime pas les compliments.

JONAS.

Alors je vous dirai que nous venons...

LA VÉRITÉ.

Je sais pourquoi...

JONAS.

J'aurais l'avantage d'être connu de vous! Oserai-je vous demander comment vous me trouvez?

LA VÉRITÉ.

Très-laid.

JONAS, à part.

Eh bien! par exemple, est-ce qu'on dit ces choses-là! Au fait, à son âge, à quatre mille ans, il est possible qu'on ait la vue basse. (Haut.) Je voulais vous parler du moral.

LA VÉRITÉ.

Bon naturel, gâté par la flatterie, la richesse et la sottise.

JONAS, à part.

Allons, décidément elle voit faux. On dira ce qu'on voudra, je ne trouve pas que cette femme-là est aimable; mais puisque j'ai besoin d'elle... (Haut.) Je craindrais, en vous interrogeant davantage, d'abuser de votre complaisance; je vous demanderai seulement si vous savez quel est ce trésor si précieux que mon père m'a ordonné de chercher.

LA VÉRITÉ.

Je le sais.

JONAS.

Cette cinquième statue existe donc?

LA VÉRITÉ.

Elle existe.

JONAS.

Et où la trouverai-je?

LA VÉRITÉ.

Dans le royaume de Naples, aux environs d'Amalfi, près le golfe de Salerne.

JONAS.

La chaumière de ma mère-grand?

LA VÉRITÉ.

Précisément!

JONAS.

C'était bien la peine de la quitter, et d'aller chercher si loin ce que nous avions sous la main... (A Frétino.) Partons vite.

FRÉTINO.

Sans la remercier?

JONAS.

Elle n'aime pas les compliments.

FRÉTINO.

Oui; mais moi, j'ai aussi quelque chose à lui demander. (A la Vérité.) Pardon, excusez, ma belle dame, connaissez-vous celle que j'aime?

LA VÉRITÉ.

Oui.

FRÉTINO.

L'original de ce portrait existe-t-il?

LA VÉRITÉ.

Il existe.

FRÉTINO.

Et où le trouverai-je?

LA VÉRITÉ.

Dans le royaume de Naples, aux environs d'Amalfi, près le golfe de Salerne.

FRÉTINO.

Le monde entier s'est donc donné rendez-vous dans cette chaumière !

JONAS, à part.

Pour ce qui est de cela, elle n'a pas menti.

FRÉTINO.

Encore un mot... Pourrai-je m'en faire aimer?

LA VÉRITÉ.

Elle t'aimera.

JONAS, à part.

Mânes de mon grand-père, le souffririez-vous ?

FRÉTINO.

L'épouserai-je ?

LA VÉRITÉ.

L'épouser! toi?...

FRÉTINO.

Oui, madame.

LA VÉRITÉ.

Tu l'épouseras.

Ensemble.

FRÉTINO.

AIR des *Folies amoureuses.* (Arrangé par CASTIL-BLAZE.)

Quel bonheur! d'après cet oracle,
J'obtiendrai l'objet de mes vœux.
C'est à vous qu'est dû ce miracle,
C'est par vous que je vais être heureux !

JONAS.

C'en est fait, d'après cet oracle,
Il verra combler tous ses vœux.

Je saurai bien y mettre obstacle
Et l'empêcher d'insulter mes aïeux!

LA VÉRITÉ.

Du destin tels sont les oracles;
Vous verrez combler tous vos vœux.
Mais craignez encor des obstacles!
Qui peut jamais se vanter d'être heureux?

FRÉTINO.

De partir de ces lieux je grille,
Prenons nos bouteilles à l'instant,
Et puis remontons promptement.

(Il court au fond du théâtre, où il a déposé en arrivant ses bouteilles.)

JONAS, à part.

Oui, pour l'honneur de la famille,
Employons notre talisman;
Il faut qu'ici son pouvoir brille:
Mon anneau, je veux à l'instant
Que loin de ces lieux on m'emporte!
(Montrant Frétino.)
Et je veux, lui, qu'il y reste toujours.

(En ce moment, Frétino est enlevé dans les airs.)

FRÉTINO.

A moi! c'en est fait de mes jours!

LA VÉRITÉ.

Eh quoi! nous quitter de la sorte!

JONAS.

Arrêtez! arrêtez! vous vous trompez encor,
Arrêtez! arrêtez!... ils n'en vont que plus fort!

(On voit Frétino s'élever dans l'air, passer à travers les vagues et disparaître, tandis que la Néréide et tous les fleuves accourent et le regardent.)

LE CHOEUR.

Dieu! quel bruit! quel est ce miracle!

Des mortels sont venus dans ces lieux !
Jusqu'ici semblable spectacle
N'avait encor jamais frappé nos yeux !

(Jonas se désespère, la Vérité le console.)

ACTE TROISIÈME

L'intérieur de la chaumière de la mère-grand. Même décor qu'au premier acte.

SCÈNE PREMIÈRE.

GIANETTA, arrivant.

Madame Jonas! madame Jonas! où est-elle donc?... v'là son grand fauteuil toujours à la même place, ce n'est pas comme elle : tous les jours elle va au-devant de son fils, et moi aussi j'viens savoir tous les jours s'il est arrivé... Personne ; il paraît que ce n'est pas encore pour aujourd'hui.

COUPLETS.

Air du vaudeville : *Les maris ont tort.*

Premier couplet.

D'puis qu'il est à la poursuite
D'c'trésor que nous attendons,
Je n'sais pas, lui, s'il court ben vite,
Mais mon pauv'cœur, j'vous en réponds,
N'va plus que par sauts et par bonds.
Par le chagrin je suis maigrie,
Si j'pleur' de cette façon-là,
Je vais cesser d'être jolie,
C'est des bêtis' d'aimer comm'ça !

Deuxième couplet.

Tous les garçons du voisinage

Pendant ce temps me font la cour,
Ils parlent tous de mariage ;
Moi je dis non ; car chaque jour
De Jonas j'attends le retour.
Mais avant que ce jour-là brille
J'en mourrai, je le sens bien là ;
Et l'plus cruel, je mourrai fille...
C'est des bêtis' d'aimer comm'ça !

SCÈNE II.

LA MÈRE-GRAND, GIANETTA.

LA MÈRE-GRAND.

Ah ! mon Dieu ! mon Dieu ! les maudites gens !

GIANETTA.

Qu'avez-vous, madame Jonas ?

LA MÈRE-GRAND.

Ah ! qu'une pauvre veuve est à plaindre... Voilà notre maison saisie par autorité de justice.

GIANETTA.

Qu'est-ce que vous me dites là ?

LA MÈRE-GRAND.

Que les huissiers, que les recors ont tout bouleversé dans la maison ; dans ce moment, ils font l'inventaire des caves, ils vont trouver nos trésors.

GIANETTA.

Et monsieur Jonas qui n'est pas ici !

LA MÈRE-GRAND.

C'est bien heureux qu'il n'y soit pas, car on attend qu'il arrive pour le conduire en prison.

GIANETTA.

C'est égal, il serait arrivé.

LA MÈRE-GRAND.

Pour le voir injurier, maltraiter, pour le voir battu!

GIANETTA.

Qu'est-ce que ça me fait?... je le verrais.

LA MÈRE-GRAND.

Comme elle l'aime!

GIANETTA.

AIR d'Aristippe.

Mais je ne sais quel sinistre présage
Me dit tout bas qu'il n'reviendra jamais.

LA MÈRE-GRAND.

Pour un' pauvre mère, à mon âge,
Quels seraient, hélas! mes regrets!
Mon p'tit Jonas, je n't' r'verrais jamais!
Quand on n'a qu'un fils... ô nature!

GIANETTA.

Notr' malheur, madame, serait commun,
Car j' n'ai qu' c't amant-là, j'vous le jure!

LA MÈRE-GRAND.

Toi, c'est ta faut', pourquoi n'en as-tu qu'un?...

Et dire que depuis son départ... il ne nous a pas donné une seule fois de ses nouvelles!

GIANETTA.

C'est qu'il n'a pas pu.

LA MÈRE-GRAND.

Avec cela... il y a tant de gens charitables qui viennent toujours vous apporter la gazette, quand elle contient de mauvaises nouvelles. « Mère Jonas, le vaisseau où était votre fils a fait naufrage... lisez plutôt... il a été englouti, et patati, et patata. » Moi je ne veux rien croire de tout cela...

GIANETTA.

Mais cependant si c'était vrai... ce pauvre Jonas !

LA MÈRE-GRAND.

Et ce pauvre Frétino... qui ne l'accompagne que pour son plaisir et par complaisance...

GIANETTA.

Moi d'abord... j'en mourrais.

LA MÈRE-GRAND.

Aussi c'est ta faute... pourquoi ne pas m'avoir avoué avant son départ... que c'est lui que tu aimais?... Ça l'aurait peut-être empêché de partir... car je suis bien sûre qu'il t'aime au fond, et plus que tu ne crois...

GIANETTA.

Non, madame Jonas, il lui fallait de la fortune, et je n'en ai pas... car tous les hommes sont de même... Ne voilà-t-il pas mon oncle qui, pour comble de malheur, veut me marier au gouverneur de la province qui est amoureux de moi !

LA MÈRE-GRAND.

Le seigneur de Riparda, qui est si vieux et si riche?

GIANETTA.

Il ne se contente pas d'être laid et bossu, il faut encore qu'il soit borgne !

LA MÈRE-GRAND.

Et tu lui as donné dans l'œil ?

GIANETTA.

Le seul qui lui reste... est-ce avoir du malheur !... J'ai différé tant que j'ai pu... espérant que M. Jonas arriverait et qu'il me protégerait... Mais c'est aujourd'hui que j'ai promis de me décider... sans cela le gouverneur viendra m'enlever ici de vive force, à ce qu'il dit, pour faire mon bonheur.

LA MÈRE-GRAND.

Et la justice n'ouvrira pas les yeux sur de pareils attentats !

GIANETTA.

Pardi !... la justice, c'est lui... Et vous savez bien qu'elle n'y voit qu'à moitié...

LA MÈRE-GRAND.

C'est vrai...

GIANETTA.

Je le soupçonne même d'avoir fait aujourd'hui saisir notre maison... pour que je me trouve sans asile ; et tenez, je les entends...

LA MÈRE-GRAND.

Nous sommes ruinés, ils emportent tous nos trésors !

SCÈNE III.

LES MÊMES ; HUISSIERS, boitant ou se tenant la joue.

LES HUISSIERS.

AIR : Amis, le soleil va paraître. (La Muette de Portici.)

Ah ! c'est affreux ! ah ! c'est abominable !
Traiter ainsi des honnêtes recors !
Vit-on jamais, jamais rien de semblable !
Nous nous plaindrons, et pour l'honneur du corps !

LA MÈRE-GRAND.

Comment ? vous sortez les mains vides... vous auriez été attendris...

PREMIER HUISSIER.

Attendris... vous êtes bien bonne ; j'en suis meurtri, et le procès-verbal en parlera... il y a voie de fait.

DEUXIÈME HUISSIER.

Il y a rébellion... j'en ai trois dents de moins...

PREMIER HUISSIER.
Et moi les reins brisés.

DEUXIÈME HUISSIER.
C'est la première fois...

PREMIER HUISSIER.
Au lieu de toucher notre capital.

DEUXIÈME HUISSIER.
C'est lui qui nous a touchés...

PREMIER HUISSIER.
Mais de quelle manière !

LES HUISSIERS.
Ah ! c'est affreux ! ah ! c'est abominable !
Traiter ainsi des honnêtes recors !
D'un tel abus, d'un guet-apens semblable
Nous nous plaindrons, et pour l'honneur du corps !

GIANETTA, ouvrant la porte.
Mais nous avons plus d'une autre statue,
Toutes en or, venez donc les saisir.

LES HUISSIERS, se sauvant par la fenêtre du fond.
Ah ! pour mon dos je crains même leur vue.

LA MÈRE-GRAND.
C'est pourtant l'or qui les aura fait fuir !

Ensemble.

LES HUISSIERS.
Ah ! c'est affreux ! ah ! c'est abominable !
Traiter ainsi des honnêtes recors !
D'un tel abus, d'un guet-apens semblable
Nous nous plaindrons, et pour l'honneur du corps !

(Ils disparaissent tout à fait.)

LA MÈRE-GRAND et GIANETTA.
Ah ! c'est charmant ! c'est vraiment admirable !
Sans désormais craindre pour nos trésors,

Nous pouvons donc par un accueil semblable
Récompenser les huissiers, les recors!

GIANETTA, fermant la fenêtre du fond.

Les voilà partis... ne craignez rien, je vais les reconduire jusqu'au bout de la rue.

SCÈNE IV.

LA MÈRE-GRAND, seule.

Mon pauvre petit Jonas, que n'était-il là!... Quel plaisir pour lui de voir ses intérêts aussi bien défendus!... Mais quand reviendra-t-il retrouver ses trésors? et sa mère-grand la reverra-t-il... jamais!... (On frappe en dehors.) Ah! on frappe en dehors... c'est sans doute le voisin... Gianetta... Gianetta!... J'oublie qu'elle est sortie....

JONAS, en dehors.

Ma mère-grand!

LA MÈRE-GRAND, toute émue.

Qu'est-ce que j'entends!

JONAS, en dehors.

Ma mère-grand... c'est moi... c'est votre petit Jonas.

LA MÈRE-GRAND.

AIR de Renaud d'Ast.

Pauvre petit, j'entends sa voix.
Eh quoi! c'est bien lui cette fois!
Ah! ma joie est trop forte!

JONAS, en dehors.

Mais ouvrez donc la porte!

LA MÈRE-GRAND, allant ouvrir.

Comment! c'est lui que je revois!
J'en mourrai de plaisir, je crois;
Ah! oui, ah! oui, le plaisir me transporte!

SCÈNE V.

LA MÈRE-GRAND, JONAS, avec un panier sous le bras.

LA MÈRE-GRAND.

Ce pauvre petit!... que je t'embrasse encore... je te trouve un peu grandi.

JONAS.

Et vous au contraire, vous me semblez rapetissée.

LA MÈRE-GRAND.

Comme te voilà frais !

JONAS.

Je le crois bien... On le serait à moins.

LA MÈRE-GRAND.

Mais quand j'y pense... tomber ainsi des nues...

JONAS.

Ah ! bien oui, des nues... il s'en faut diablement... Si vous saviez d'où je viens... dire que j'étais resté enfoncé... maudissant les fleuves, les naïades, et surtout les baleines dont je ne voulais plus entendre parler... C'est ce qui fait que tout à coup je m'y suis retrouvé.

LA MÈRE-GRAND.

Dans une baleine ?

JONAS.

Justement... Par bonheur, ce n'était pas la première fois, et je connaissais les êtres.

LA MÈRE-GRAND.

Ah ! mon Dieu ! il ne sait plus ce qu'il dit... il est fou...

JONAS.

Non, mère-grand, je suis un voyageur qui vous en contera de belles. Qu'il vous suffise de savoir que j'y serais encore... si dans un moment d'inspiration, je n'avais pas ordonné à mon bon génie de m'éloigner de vous.

LA MÈRE-GRAND.

De moi !

JONAS.

Ce qui fait que sur-le-champ j'ai été transporté devant votre maison.

LA MÈRE-GRAND.

Et comment cela ?

JONAS.

C'est une suite de l'obéissance qu'il a pour mes ordres. Quand on le prie d'aller à gauche, on est sûr de le trouver à droite.

LA MÈRE-GRAND.

C'était juste le caractère de ton grand-père... Aussi le pauvre défunt, si je ne l'avais pas mené...

JONAS.

Je sais bien, mère-grand, vous l'avez fait marcher droit.

LA MÈRE-GRAND.

Et toi-même, si je ne t'avais pas morigéné... Mais dis-moi, mon garçon, toi et ce petit Frétino, qu'êtes-vous devenus ? As-tu réussi ?... comment reviens-tu ?

JONAS.

Je reviens comme j'étais parti.

LA MÈRE-GRAND.

C'était bien la peine !... Qu'est-ce que tu auras appris à voyager ?

JONAS.

Ça m'aura appris bien des choses... Ça m'aura appris, d'abord, que j'avais eu tort de me mettre en route... aussi désormais, que je trouve ou non ce que je cherche, j'ai assez d'aventures comme cela... Je ne veux plus vous quitter, ma mère-grand, je veux rester au coin de notre feu.

LA MÈRE-GRAND.

T'établir, te marier, être comme ton grand-père...

JONAS.

Peut-être bien... Ça peut m'arriver.

LA MÈRE-GRAND.

Prendre une bonne femme... une femme qui t'aime.

JONAS.

Pour ça, je vous ai déjà dit, ma mère-grand, que je ne voulais plus courir et je n'ai pas envie de faire le tour du monde.

LA MÈRE-GRAND.

Et si, en ton absence, je t'avais trouvé ce qu'il te faut?...

JONAS.

Vraiment...

LA MÈRE-GRAND.

Cette petite Gianetta, qui demeure avec nous.

JONAS.

Une belle idée... Presqu'au moment de mon départ, vous m'avez confié qu'elle aimait quelqu'un... et j'ai dit : bon, la voilà comme les autres... elles aiment toutes quelqu'un... et c'est drôle, moi je n'ai jamais pu être quelqu'un... même du temps où j'étais quelque chose... Ainsi, jugez, maintenant que je ne suis rien.

LA MÈRE-GRAND.

Eh bien! voilà ce qui te trompe... car celui qu'elle aimait... c'était toi...

JONAS.

Il serait possible!...

LA MÈRE-GRAND.

Elle n'osait te l'avouer... mais c'est toi... Ah! comme

elle venait ici te pleurer et faire ma partie de piquet !

JONAS.

O dévouement de l'amour !

LA MÈRE-GRAND.

Ou me lire la gazette.

JONAS.

Pauvre fille ! en a-t-elle souffert pour moi...

LA MÈRE-GRAND.

Et elle a refusé d'épouser le gouverneur, qui est amoureux d'elle et qui veut l'enlever.

JONAS.

Où est Gianetta?... que je la revoie, que je me jette à ses pieds !

LA MÈRE-GRAND.

Elle vient de sortir.

JONAS.

Je cours la chercher...

LA MÈRE-GRAND.

A peine arrivé... tu repars déjà?... tu quittes ta mère-grand, que ton absence a manqué faire mourir de chagrin, et à laquelle, ingrat, tu n'as peut-être pas pensé une seule fois ?

JONAS.

Si on peut dire une chose pareille !... Voyez, ma mère-grand, combien vous êtes injuste... Regardez cette fiole que j'ai rapportée de mes voyages exprès pour vous... c'est de l'eau de Jouvence.

LA MÈRE-GRAND.

Jouvence! qu'est-ce que c'est que cela? quelque drogue...

JONAS.

Buvez toujours ; vous m'en direz des nouvelles.

LA MÈRE-GRAND.

Puisque tu le veux, à ta santé !

JONAS.

Non, c'est à la vôtre.

LA MÈRE-GRAND, qui était courbée, après en avoir bu une gorgée, se lève droite.

Eh mais ! cette liqueur m'a toute ragaillardie... il me semble qu'on vient de m'ôter vingt bonnes années.
(Elle avale le reste. Sa coiffe, son bonnet et sa perruque grise disparaissent, et on voit la figure d'une jeune fille qui se trouve sur-le-champ habillée très élégamment.)

JONAS, voyant qu'elle boit encore.

Arrêtez !... arrêtez !... c'est trop... Diable ! comme vous haussez le coude ; là, si vous en aviez avalé une gorgée de plus, j'étais obligé de vous remettre en nourrice.

LA MÈRE-GRAND.

COUPLETS.

AIR : Oui, de cette terre sauvage. (La Vieille.)

Premier couplet.

Quelle étrange métamorphose !
Je ne sens plus le poids des ans ;
Je vois tout en couleur de rose ;
Tout m'offre l'aspect du printemps.
Vous qui fuyez sur des ailes rapides,
Vous qu'effrayaient ma vieillesse et mes rides,
Gaité, plaisirs, amours, rêves charmans,
Revenez, je n'ai que quinze ans !

Je puis sauter... je puis courir... (Regardant sa béquille et la jetant.) Qu'est-ce que c'est que ça ? je n'en ai plus besoin.

Deuxième couplet.

Me revoilà jeune et gentille ;
Et si je faisais des faux pas,

Maintenant, ma pauvre béquille,
Tu ne m'en garantirais pas!
Un sang nouveau dans mes veines s'agite.
Je sens mon cœur...

(Prenant la main de Jonas.)

Vois donc comme il bat vite!
Ta, ta, ta, ta, ta, ta.
Gaîté, folie, amour, jeunes amans,
Revenez, je n'ai que quinze ans!

JONAS.

Ma pauvre mère-grand! ça lui paraît-il étonnant d'être comme ça remise à neuf!

LA MÈRE-GRAND, regardant ses habits.

Ah! la jolie robe! comme elle me va bien! Mais il m'en faudra d'autres... n'est-il pas vrai, Jonas, mon ami?... et un collier, des boucles d'oreilles, c'est nécessaire.

(Sautant de joie.)

Air: Sans mentir. (*Les habitants des Landes.*)

Que je dois être jolie!
Quel succès je vais avoir!

JONAS.

Déjà la coquetterie!

LA MÈRE-GRAND.

Donne-moi donc mon miroir?

JONAS.

Vous qui prêchez la sagesse,
Vous qui trouvez, vieilles gens,
Tant de torts à la jeunesse,
Ah! revenez à quinze ans,
    A l'instant (*Bis.*)
Vous en ferez tous autant!

LA MÈRE-GRAND.

Et dire qu'il n'y a personne ici... que personne ne peut me voir!... Où est donc ce petit Frétino, notre voisin, qui avait toujours avec moi un air si aimable?

JONAS, à part.

Dieu ! qu'est-ce que j'ai fait là !... (Haut.) Je vous déclare, ma mère-grand, qu'il ne faut plus penser à Frétino, qui est... (A part.) Il doit être loin s'il monte toujours... (Haut.) Et j'entends qu'il n'en soit plus question... qu'il ne mette plus le pied ici.

FRÉTINO, frappant en dehors.

Mère Jonas ! ouvrez-moi !...

LA MÈRE-GRAND.

C'est lui-même que j'entends !

JONAS, à part.

Dieu ! qu'est-ce que j'ai dit là ?

LA MÈRE-GRAND.

Et à coup sûr, ce pauvre Frétino n'est pas fait pour attendre.

JONAS.

Au contraire, n'ouvrez pas... Je ne veux pas qu'il entre...

(La porte s'ouvre d'elle-même, et Frétino paraît.)

SCÈNE VI.

Les mêmes ; FRÉTINO.

FRÉTINO.

Mère Jonas !... mère Jonas !... Dieu ! encore un miracle !... La dame du palais de cristal avait bien raison... c'est ici que je devais trouver celle que j'aime.

LA MÈRE-GRAND, jouant l'embarras.

Que dit-il ?

FRÉTINO.

L'original de ce portrait...

LA MÈRE-GRAND, minaudant.

Le mien... Comment? monsieur Frétino...

JONAS.

Qu'est-ce que c'est? je crois qu'elle lui fait des mines; je n'entends pas ça, et je vous prie, ma mère-grand, d'avoir plus de tenue avec les jeunes gens.

FRÉTINO.

Sa mère-grand! Quoi! j'aurais l'honneur de parler à madame votre mère?

JONAS.

Eh! oui... c'est cette eau de Jouvence que j'ai apportée qui est cause de tout.....

FRÉTINO.

Ça ne me surprend pas... c'est comme ma casquette, il faut que je sois né coiffé...

JONAS.

Coiffé!... Pas tant que vous croyez; car je ne souffrirai pas que vous deveniez mon grand-père...

LA MÈRE-GRAND.

Et de quoi vous mêlez-vous?... Quel droit avez-vous de vous opposer à mes inclinations?... Qu'on parle encore de la tyrannie des grands parents... moi qui me vois sacrifiée par mon petit-fils!

JONAS.

Les voilà aussi les folies de jeunesse... Elle va m'envoyer des sommations respectueuses... Apprenez, ma mère-grand, que je ne suis pas un petit-fils barbare et tyrannique... J'ai dit, et je crois savoir ce que je dis, que je ne consentirai à cette union que quand j'aurai épousé Gianetta.

FRÉTINO.

Si ce n'est qu'à cette condition-là, c'est fait de nous, car on dit qu'elle a été enlevée par ordre du gouverneur.

TOUS.
Enlevée !

FRÉTINO.
Et je viens de le voir qui l'emmenait pour l'épouser.

JONAS.
L'épouser !

AIR : *Que d'établissements nouveaux.* (*L'Opéra-Comique.*)

S'il doit devenir son époux
J'en mourrai, c'est fait de ma vie !

LA MÈRE-GRAND.
Quels sont donc ces transports jaloux ?
Quelle est, monsieur, cette folie ?

JONAS.
L'ai-je bien entendu ?... Comment,
C'est vous qui blâmez la tendresse !...
Ah ! ma mèr'-grand, j'crois qu'il vous r'prend
Des retours de vieillesse !

FRÉTINO.
Pourquoi vous désespérer ?... N'avez-vous pas votre anneau ?

JONAS, vivement.
Il a raison... mon anneau que j'oubliais... Je ne veux pas que le gouverneur... (S'arrêtant.) Ah ! mon Dieu ! qu'est-ce que j'allais dire !... avec ce talisman-là, il faut toujours penser avant de parler, et quand on n'en a pas l'habitude...

LA MÈRE-GRAND.
Pourquoi donc ?

JONAS.
Pourquoi ? pourquoi ! parce que c'est toujours un tas d'embarras pour s'en servir ; dans ce moment, par exemple, si je disais seulement : je ne veux pas que le gouverneur baise la main de Gianetta... (Se frottant le front.) Ah ! mon

Dieu ! c'est déjà fait... il l'a embrassée, j'en suis sûr... Chien de talisman ! va-t'en au diable... je ne veux plus de bonheur, plus de statue, plus de fortune...

(Le fond du théâtre s'ouvre et laisse voir un palais magnifique : on aperçoit de chaque côté, sur leurs piédestaux, deux statues resplendissantes de pierreries. Sur le piédestal du milieu, une femme voilée.)

TOUS.

Air : Honneur ! honneur et gloire ! (*La Muette de Portici.*)

Ici quelles merveilles
Brillent de toutes parts !
Des richesses pareilles
N'ont jamais frappé nos regards !

JONAS.

J'ose à peine en croire ma vue ;
D'espoir mon cœur a tressailli !

GIANETTA, levant son voile.

C'est Gianetta qui t'est rendue.

LA MÈRE-GRAND.

Et tu vois l'oracle accompli.

TOUS.

Ici quelles merveilles, etc.

LA MÈRE-GRAND, prenant par la main Gianetta, qu'elle amène au bord du théâtre, et s'adressant à Jonas.

Air du vaudeville de Turenne.

Ton père, que mon cœur honore,
Voulait, pour son unique enfant,
Un bien plus précieux encore
Que l'or et que le diamant ;
Tu le possèdes maintenant ;
Femme belle, aimable et sincère,
Qui joint les vertus aux appas,
Est plus précieuse ici-bas
Que tous les trésors de la terre !

8.

JONAS.

O mon anneau ! ô mon cher talisman ! moi qui te maudissais tout à l'heure ! je te garderai toujours ; je ne veux plus que tu me quittes... Là ! le voilà qui s'envole !
(L'anneau sort de son doigt et on le voit s'envoler entouré d'une flamme bleuâtre.)

GIANETTA.

Laissez-le partir, maintenant ; vous n'en avez plus besoin.

LA MÈRE-GRAND.

Et peut-être en ménage t'aurait-il porté malheur.

JONAS.

C'est vrai... quand j'aurais dit : Je le veux, j'aurais été sûr que chez moi, on aurait fait le contraire.

LA MÈRE-GRAND.

Tu as là ta femme... ça te suffit, et puisque te voilà marié...

FRÉTINO.

D'après votre promesse...

JONAS.

Je ne demanderais pas mieux... mais ce qui me chiffonne toujours, c'est que tu deviennes mon grand-père.

FRÉTINO.

Bah !... a beau mentir qui vient de loin ; vous me ferez passer pour un prince russe que vous avez rencontré en voyage.

JONAS.

A cette condition, je donne mon consentement.

LA MÈRE-GRAND.

Et moi, mes enfants, je vous donne ma bénédiction.

TOUS.

Ici quelles merveilles
Brillent de toutes parts!
Des richesses pareilles
N'ont jamais frappé nos regards!

LES

HÉRITIERS DE CRAC

VAUDEVILLE EN UN ACTE

EN SOCIÉTÉ AVEC M. H. DUPIN.

Théatre de S. A. R. Madame. — 11 Juillet 1829.

PERSONNAGES.	ACTEURS.
LE BARON DE CRAC	MM. NUMA.
GERMEUIL, son neveu	BERGOUR.
VALSAIN, colonel	ALLAN.
LA JEUNESSE	BRIENNE.
GOUSPIGNAC, petit domestique de M. de Crac.	BORDIER.
GABRIELLE, fille du baron de Crac	Mmes ÉLISA FORGEOT.
ROSALIE, suivante de Gabrielle	THÉODORE.

PAYSANS et PAYSANNES.

Aux environs de Pézénas, dans le château de Crac.

Cette pièce, sauf quelques modifications, avait été représentée précédemment, le 14 octobre 1815, au théâtre du Vaudeville, sous le titre de : LA POMPE FUNÈBRE, comédie-vaudeville en un acte, des mêmes auteurs. Les personnages et les acteurs étaient : VONDAC (Philippe); GERMEUIL (Guénée); VALSAIN (Isambert); LA JEUNESSE (Justin); GOUSPIGNAC (Mlle Virginie); GABRIELLE (Mlle Minette); LISETTE (Mme Hervey).

LES
HÉRITIERS DE CRAC

Un vieux salon meublé dans le style gothique. — Porte au fond ; portes latérales. Une table sur le devant de la scène à gauche.

SCÈNE PREMIÈRE.

ROSALIE, GABRIELLE, GERMEUIL.

GERMEUIL, à Gabrielle.

Oui, mademoiselle, votre conduite est fort étrange. Je fais tout ce qu'il faut pour être adoré, et à peine avez-vous seulement une espèce de passion. Arrangez-vous, mais je ne puis m'habituer à ne pas être aimé.

GABRIELLE, froidement.

Mais je vous aime : interrogez Rosalie.

ROSALIE.

Moi, mademoiselle, je n'en sais rien, je bous assure.

GABRIELLE.

Tu me le disais encore ce matin. Je t'ai demandé si j'aimais mon cousin : tu m'as dit que oui ; moi, je t'ai crue. M'aurai-tu trompée ? Ce serait bien mal.

GERMEUIL.

Eh! mademoiselle, c'est votre cœur et non Rosalie qu'il faut interroger. Quand on a fait comme moi le voyage de Paris, on n'aime pas à se vanter; mais avez-vous dans la province un jeune homme qui ait cette tournure élégante et facile, ces manières aisées, ces grâces naturelles? Je n'en suis pas plus fier, je sais que tout cela n'est pas moi, et qu'il n'y a qu'un sot qui puisse tirer vanité d'avantages aussi fragiles. Mais enfin, comparez, et j'ose croire que le résultat ne sera pas à mon désavantage. Que m'opposez-vous? Est-ce le futur époux que M. de Crac, votre père, vous destine, et qu'on attend aujourd'hui? Quelque rustre! Un M. de Flourvac, un procureur que personne ne connait, pas même votre père!

ROSALIE.

Jé sais qu'il bante lé mérite et les grands viens du futur; mais parce qué botre père lé dit, cé n'est point uné raison. Il a la bérité en horrur, et passé dans lé pays pour lé plus grand havleur. (Passant entre Gabrielle et Germeuil.) Enfin cette croix d'or dé la défunte, il mé l'a donnée; mais bous né sabez pas à quelle condition?

AIR du vaudeville de l'Écu de six francs.

C'est pour attester, quand il conte,
La vérité de ses récits;
Depuis ce moment, je suis prompte
A me montrer de son avis.
D'autres, suivant d'anciens usages,
Prennent des gens pour les servir;
Moi je suis ici pour mentir,
Et je ne vole pas mes gages!

Aussi, quand il bous a parlé du futur, j'ai dit qué jé lé connaissais, qu'il était charmant, et jé né l'ai pas bu.

GABRIELLE.

N'importe, c'est le fils d'un ami de mon père.

ROSALIE.

D'accord; mais vos amis doivent passer avant les siens, eh donc! vous aimez Germeuil et vous l'épousez.

GABRIELLE.

Mais, Rosalie...

ROSALIE.

Si vous ne l'aimez pas, vous serez madame de Flourvac.

GABRIELLE.

Je l'aime bien un peu; mais...

ROSALIE.

Ou bien vous resterez toujours fille.

GABRIELLE, vivement.

Voilà qui est décidé, je l'aime tout à fait; mais comment refuser cet époux?

ROSALIE.

Rien dé plus simple. Dans toutes lés comédies du mondé, uné jeuné personne, qui a des principes, a toujours un amant dont elle veut... ses parents lui en offrent un autre dont elle né beut pas. On ne connaît jamais lé prétendu qui est toujours un sot, un invécile, et qui descend toujours du ciel ou dé la patache; c'est de rigur. On connaît veaucoup l'amant préféré qui est toujours un fort veau jeune homme. Survient un balet intrigant, une souvrette havile qui trompe lé père, unit les enfants, et renvoie lé niais dans sa probince. On fait la noce, on récompense la soubrette, et la pièce est finie. Boilà, depuis M. de Pourceaugnac jusqu'à nos jours, lé plan dé toutes les comédies. Demandez à mossu.

GERMEUIL.

Ah! mon Dieu oui! et monsieur votre père nous traite en écoliers.

AIR du vaudeville de Partie et Revanche

Un valet, un amant, un père,
Des rivaux qui sont abusés,
Cela se voit partout, ma chère,

Ce sont des sujets trop usés :
Ces sujets-là sont vraiment trop usés,
Le neuf me plairait davantage.

ROSALIE.

Mais tout est vu, tout est traité :
Il est si rare, en fait de mariage.
Dé trouver dé la noubeauté!

Laissons benir le prétendu, et jé bous réponds du succès. Mossu de Crac est mentur, et pourtant crédule; il sé dit vrabe, et a peur dé son ombre; il ne croit pas aux rébenants, mais il en a une frayeur terrivle, et dans ce bieux château, abec quelques chaines et quelques esprits, ou même sans esprits, on peut faire un très veau mélodrame. Je m'en charge.

AIR polonais.

Oui,
Je vous offre aujourd'hui,
Mes amis, mon appui tutélaire;
Tromper tuteurs et parents,
De tous temps
Ce fut mon passe-temps.
Je suis en faveur,
Et près de monsieur votre père
D'un succès flatteur
Je vous réponds sur mon honneur;
J'en fais le serment!

GERMEUIL.

Sur ton honneur, fort bien, ma chère;
Mais dis-moi pourtant
Qui répondra du répondant?

Ensemble.

ROSALIE.

Oui,
Je vous offre aujourd'hui, etc.

GABRIELLE.

Près de mon père, aujourd'hui,
Son appui
Nous sera nécessaire :
Tromper tuteurs et parents,
De tous temps,
Ce fut son passe-temps.

GERMEUIL.

Oui,
Près de son père, aujourd'hui, etc.

ROSALIE.

Mais boici mossu botré père.

SCENE II.

LES MÊMES; M. DE CRAC, une ligne et un panier à la main.

M. DE CRAC.

AIR : Ah ! le bel oiseau, maman !

D'être ceinte d'un laurier
Je crois que ma ligne
Est digne ;
J'apporte dans ce panier
Certain plat de mon métier.
A parler sans vanité,
J'ai la main assez heureuse,
Ma pêche est, en vérité,
La pêche miraculeuse.

TOUS.

D'être ceinte d'un laurier, etc.

GERMEUIL.

Comment, monsieur, vous avez pris tout cela à la ligne ?

M. DE CRAC.

J'en prends ordinairement vien d'autres ! Un jour, jé me rappelle... Demandez à Rosalie.

ROSALIE.

C'est vrai, j'y étais.

M. DE CRAC.

Mais aujourd'hui c'est encore pire; c'est d'un seul coup qué j'ai pêché ces deux cents goujons. C'est un brochet que j'ai pris, qui venait sans doute d'en faire son déjeuner, dé sorte qu'en l'ouvrant...

SCÈNE III.

Les mêmes; GOUSPIGNAC.

GOUSPIGNAC.

Mossu, il y a là-bas un paysan qui dit que bous lui del ez un brochet et un plat de goujons dont il réclame le paiement.

M. DE CRAC.

C'est von... tais-toi; c'est lé pétit garçon qui tenait le panier pendant qué jé péchais. Qu'on lé fasse dîner à la cuisine abec les restes dé mes gens.

(Gouspignac sort.)

GABRIELLE.

Mais, mon père, cette pêche dont vous parliez tout à l'heure, ce n'était donc pas vrai?

M. DE CRAC.

Et qu'est-ce que ça fait?

GABRIELLE.

Comment, ce que ça fait?

M. DE CRAC.

Ça ne fait rien dans notre famille.

(Germeuil passe auprès de Gabrielle.)

AIR du vaudeville de *Turenne*.

Par son esprit, sa verve peu commune,

(Otant son chapeau.)

Monsieur de Crac, à qui je dois le jour,
  En mentant jadis fit fortune ;
Je voudrais bien l'imiter à mon tour...
Mais au Palais, à la Chambre, à la Cour,
  Dans cet art tant de monde brille,
Qu'à chaque instant, je vais, sans y songer,
Pour saluer maint et maint étranger
  Que je crois de notre famille.

Mais que bois-je! point de toilette? Et lé futur arribe à midi; son domestique nous l'a annoncé hier.

GERMEUIL.

AIR du vaudeville du Colonel.

Y pensez-vous?... mon aimable cousine
  N'a pas besoin de tant d'apprêts ;
C'est à l'époux qu'on lui destine,
  S'il veut plaire, à faire des frais.

ROSALIE.

Et s'il n'est pas content de la future,
  D'autres, bravant le préjugé,
  Seront enchantés, je vous jure,
  De la trouver en négligé.

M. DE CRAC.

Erreur, ma chère! la parure fait tout. J'ai un certain habit de satin rosé qui m'a balu, jé né sais comvien de conquètes... (A Germeuil.) Si ma fille n'était pas là, je t'en dirais de velles.

GERMEUIL, à part.

Comme il mentirait!

M. DE CRAC.

C'est qué tel qué bous me boyez, je suis encore très-aimable. Demandez à Rosalie.

ROSALIE.

Moi, mossu, jé l'ai entendu dire ; mais jé n'en sais rien.

M. DE CRAC.

Friponne, tu dissimules.

AIR du vaudeville de *Partie carrée*.

En me formant, dame nature
De tous ses dons me fit présent ;
J'eus, à vingt ans, d'Adonis la figure,
Je suis un Hercule à présent.
(Rosalie rit.)
Dès que la veauté le regarde,
(Caressant Rosalie.)
De Crac, soudain, sait prouver ce qu'il vaut...

ROSALIE.

Ah! finissez, moussu, ou prenez garde,
Je vais vous prendre au mot!

(Pendant ce couplet, Germeuil et Gabrielle remontent le théâtre, et causent ensemble.)

M. DE CRAC, à part.

Diable! elle connaît mon faible. (A Gabrielle.) Allons, à botre miroir... moi, abec mon habit, une perruque, jé serai en état dé recevoir mon gendre, ce pauvre Flourvac! J'ai fait placer une bedette sur la tourelle, et l'on sonnera du cornet à bouquin, dés qué quelqu'un paraîtra dans la campagne. Le pont-levis est baissé, et tous mes bassaux sous les armes...

ROSALIE.

Lé concierge, et lé jardinier.

M. DE CRAC.

Feront feu à son arrivée ; de sorte qu'il fera son entrée dans un tourvillon de poudre et de poussière.

ROSALIE.

Cela sera fort agréable... Eh! mais, que nous veut Gouspignac?

SCÈNE IV.

LES MÊMES; GOUSPIGNAC.

GOUSPIGNAC.

AIR : Le Port-Mahon est pris.

Moussu, grande nouvelle !
Sachez qu'à l'instant la sentinelle
　　A vu de la tourelle,
　　Bénir près du canal
　　　　Un cheval.

GERMEUIL.
Un cheval !

GABRIELLE.
Un cheval !

ROSALIE.
Un cheval !

M. DE CRAC.
Un cheval !

GOUSPIGNAC.
Vers ce noble manoir
Il vient, comme on peut voir,
　　De franchir la distance,
Avec vraiment tant de pétulance
　　Qué maintenant, jé pense,
　　Il est au pied du mur,
　　　　Le futur.

GERMEUIL.
Le futur !

GABRIELLE.
Le futur !

ROSALIE.
Le futur !

M. DE CRAC.
Le futur!
(Germeuil, Gabrielle et Rosalie sortent.)

M. DE CRAC, à Gouspignac.
Eh! donc, pourquoi n'ai-je pas entendu le coup de fusil?

GOUSPIGNAC.
J'ai fait tout cé qué j'ai pu; mais il n'a jamais boulu partir.

M. DE CRAC.
C'est un malheur. Eh bien! tu bas l'introduire. (Gouspignac va pour sortir. — M. de Crac le rappelle.) Ah! tu iras abertir tous mes bassaux. (Même jeu de scène.) Et puis tu biendras me friser. (Même jeu.) Ah! et puis, tu iras réciter mon petit compliment.

(M. de Crac sort.)

SCÈNE V.

GOUSPIGNAC, VALSAIN, en habit bourgeois.

GOUSPIGNAC.
Moussu, botre veau-père ba benir dans l'instant; il bous prie d'attendre dans cette salle. J'ai l'honneur d'être, moussu, botre petit serbiteur.

(Il sort en saluant Valsain.)

SCÈNE VI.

VALSAIN, seul.

Ils me prennent pour le futur! la méprise est assez vraisemblable. Je me suis chargé d'une jolie commission! Ces gens-là sont sans doute dans la joie; ils attendent avec impatience un gendre, et j'irais leur apprendre... D'ailleurs, obligé de fuir, à la suite d'une affaire d'honneur, je ne saurais trop tôt gagner la frontière, et il faudrait ici m'arrêter, raconter...

AIR : Restez, restez, troupe jolie. (*Les Gardes-Marine.*)

S'il faut parler avec franchise,
Je redoute un tel entretien ;
Et puisqu'il faut qu'on les instruise...
(Voyant de l'encre et du papier sur une table.)
Écrire est le meilleur moyen.
Ce fut, sans doute, un ami tendre,
Qui, pour ménager la douleur,
Aux yeux imagina d'apprendre
Ce qu'il craignait de dire au cœur.
(Il se met à la table qui est à gauche du théâtre et écrit.)

« Je suis le colonel Valsain : une affaire qui serait trop « longue à vous expliquer, m'obligeait à passer chez mon « père, que je n'avais pas vu depuis dix ans. Je rencontre « en route un homme d'assez mauvaise mine, un procu- « reur, qui m'apprend qu'il allait à Pézénas, épouser « votre fille ; nous nous arrêtons à l'auberge des *Trois* « *Rois*, et là... » (Se levant.) Je ne sais trop comment lui dire le reste. Son gendre, le plus grand ladre de la terre, s'échauffe tellement avec notre hôtesse, sur le prix du souper, qu'en rentrant, il lui prend un coup de sang ! A peine a-t-il eu le temps de me charger d'aller au château... Mais qu'entends-je? m'aurait-on suivi? Déjà, près d'ici, j'ai pensé me trouver dans la même auberge avec le gouverneur de la province qui, sans doute, a mon signalement.

SCÈNE VII.

GOUSPIGNAC, VALSAIN, LE CONCIERGE et LE JARDINIER,
PAYSANS et PAYSANNES, portant des bouquets.

LE CHOEUR.

AIR : Filles du hameau.

Amis, rendons honnur
Au gendre
Que Monseignur
Vient de prendre.
Célévrons le bonhur
Que nous promet notre nouveau Seigneur !

GOUSPIGNAC, avec des gants et un bouquet.

De Chine à Tombac,
De Rome à Cognac,
Nul n'a plus de tact,
Que moussu Flourvac.
Par un doux mic-mac,
La gentille Crac
Apparait, et crac...
Son cœur fait tic-tac,
Gniaqu', gniaqu' moussu Flourvac
Qui fasse, crac,
Aux cœurs faire tic-tac.

LE CHOEUR.

Gniaqu', gniaqu' moussu Flourvac, etc.

VALSAIN.

Allons, on me prend décidément pour Flourvac.

SCÈNE VIII.

LES MÊMES; M. DE CRAC.

M. DE CRAC, avec volubilité.

Vien, fort vien, mes enfants ! (Il fait signe aux paysans de se retirer.) Pardon, mon gendre, de bous aboir fait attendre; souffrez qué jé bous embrasse. Plus jé bous regarde... eh! c'est vien lui, voilà tous les traits de feu son père, et jé l'aurais reconnu entré mille. Jé crois cependant que bous ressemblez aussi à mon nebeu Germeuil. A moins qué cé ne soit plutôt à un dé nos anciens boisins..... Oui, c'est vien cela... A cé june Valsain qui, depuis dix ans, est à la guerre, charmant june homme; vrabe comme mon épée, immensément riche...

VALSAIN.

Mais, monsieur...

M. DE CRAC.

Et mes fleurs, mes vouquets, qu'en dites-bous? Lé compliment du petit, charmant, n'est-ce pas? il était dé moi; et mon château dé Crac, que bous en semble? les velles tourelles! comme elles sont noires! et des boûtes, des souterrains! nous y abons quelquefois des purs à faire plaisir... Croyez-bous que l'intendant de la probince boulait m'acheter ce château, pour en faire une résidence royale? demandez à Rosalie; bous lui demanderez...

VALSAIN.

Mais, monsieur, souffrez que...

M. DE CRAC, l'interrompant vivement.

On m'en offrait cinq cent mille francs, six cent mille même; je n'ai pas boulu; j'ai bingt autres châteaux...

VALSAIN, à part.

Il n'en a pas un.

M. DE CRAC.

Mais jé tiens à celui-ci, à cause de l'arrondissement où il est situé, arrondissement qui m'a nommé à la députation.

VALSAIN.

Vous, député! je n'en savais rien.

M. DE CRAC.

C'est tout comme... je l'ai manqué de si peu!

VALSAIN.

D'une voix, peut-être?

M. DE CRAC.

D'une demi-voix.

VALSAIN.

Comment ça?

M. DE CRAC.

L'électeur qui faisait le bulletin décisif a été frappé d'une paralysie à la main droite, au moment où il avait écrit la moitié de mon nom, CR..

VALSAIN.

Il fallait réclamer.

M. DE CRAC.

C'est ce que j'ai fait, en protestant de mon zèle, de mon désintéressement.

AIR du vaudeville du *Premier Prix.*

Sur mes sentiments très fidèles,
Sur mes talents, ma probité,
J'ai dit des paroles fort belles,
Des paroles de député,
Avec cet accent qui réveille,
Avec l'accent qui part du cœur...

VALSAIN.

Eh bien?

M. DE CRAC.

Les paroles ont fait merveille;
Mais l'accent m'a porté malheur.

Ah! ça, bous goûtez abec nous? J'entends ma fille, sa toilette est terminée, et je bais bous présenter. (A part.) Je suis enchanté du maintien, des sentiments et de la conversation de mon gendre.

VALSAIN, à part.

Allons, ce pauvre de Crac n'est pas changé; je suis fâché de m'en aller, j'ai du plaisir à le voir.

SCÈNE IX.

ROSALIE, GERMEUIL, GABRIELLE, M. DE CRAC, VALSAIN.

M. DE CRAC.

AIR d'Adolphe et Clara.

C'est que ma fille
Est vraiment gentille,
Chacun l'adore, et voudrait, j'en suis sûr,
Pouvoir entrer dans la famille
Et faire ici le rôle du futur.

ROSALIE et GERMEUIL, à Gabrielle.

Sur le futur ne levez point les yeux,
Prenez surtout l'air le plus dédaigneux.

M. DE CRAC.

Allons, avancez-vous, mon gendre,
Prenez un air galant et tendre.

GABRIELLE.

Quel air a-t-il?

ROSALIE.

Tout l'air d'un gendre.

GERMEUIL.

Son habit, son habit surtout,
Est loin d'être du dernier goût.

M. DE CRAC, à Valsain.

Abancez.

(A Gabrielle.)
Abance.

GABRIELLE.
Ah! je tremble!

VALSAIN.
Oui, je tremble.

M. DE CRAC, *les mettant en face l'un de l'autre.*
Que vous en semble?
Ai-je bon goût?

VALSAIN et GABRIELLE, *se regardant.*
Que vois-je?

Ensemble.

GABRIELLE.
Mais il n'est pas mal du tout!

VALSAIN.
Mais elle n'est pas mal du tout

VALSAIN.
C'est que sa fille
Est vraiment fort gentille.
Elle doit être aimable, j'en suis sûr,
Et puisqu'on veut me voir de la famille,
Ma foi, je reste, et je fais le futur!

GERMEUIL et ROSALIE.
Nous trouverons un moyen prompt et sûr,
Pour nous priver de monsieur le futur.

Ensemble.

GERMEUIL.
Dissimulons avec finesse.
Comptez toujours sur ma tendresse
Je vous promets que mon adresse
Chassera ce nouvel amant.

ROSALIE.
Dissimulons avec finesse.
Comptez toujours sur sa tendresse;
Je vous promets que mon adresse
Chassera ce nouvel amant.

GABRIELLE.

Mais il a l'air doux et sensible,
Quoi ! c'est là, serait-il possible,
Ce futur qu'on dit si terrible?
On le prendrait pour un amant.

M. DE CRAC.

Ils vont s'aimer à la folie,
Ma fille lui parait jolie,
Et lé futur, jé lé parie,
A déjà le cœur d'un amant.

VALSAIN.

Je sens que c'est une folie,
Mais la future est si jolie,
Ma foi, puisque chacun m'en prie,
Je reste, et je suis son amant!

M. DE CRAC, faisant passer Gabrielle auprès de Valsain.

Allons, mon gendre, embrassez donc ma fille,
Entre futurs un baiser est permis.

(Il les force à s'embrasser.)

VALSAIN.

Décidément, je suis de la famille,
Ah! que pour moi ce baiser a de prix!

GABRIELLE.

Vraiment, malgré moi j'obéis.

GERMEUIL, à part.

Morbleu ! j'enrage... Ah! quelle audace!

ROSALIE.

Mais c'est son époux qui l'embrasse.

VALSAIN.

Il ordonne, il faut qu'on embrasse.

M. DE CRAC.

Ils sé sont plu; j'en étais sûr.

Ensemble.

GERMEUIL.

Dissimulons, avec finesse, etc.

ROSALIE.
Dissimulons, avec finesse, etc.

GABRIELLE.
Mais, il a l'air doux et sensible, etc.

M. DE CRAC.
Ils vont s'aimer à la folie, etc.

VALSAIN.
Je sens que c'est une folie, etc.

M. DE CRAC.
Comment, mon cher Flourvac, n'abez-bous pas abec bous botre La Jeunesse, l'antique domestique du papa?

VALSAIN.
Ah! La Jeunesse? je l'ai laissé à Tartas; il viendra aujourd'hui.

M. DE CRAC.
Fort bien. Je bous présente Germeuil, mon neveu, qui descend du fameux moussu de Crac, dont il est héritier comme nous, héritier collatéral. Le june homme du meilleur ton, la coqueluche de toutes les femmes de Tartas, Cacellas, Pézénas, Carpentras, et de la vanlicue.

VALSAIN.
Mon cher cousin, enchanté! Je serai trop heureux de profiter de vos leçons.

GERMEUIL.
De mes leçons! Prenez donc garde, cousin, ce que vous dites est d'une maladresse... Ce n'est que de ma cousine que vous devez prendre des leçons. (Galamment.) Qui mieux qu'elle peut instruire dans l'art d'aimer?

VALSAIN.
L'art d'aimer m'est inutile; c'est l'art de plaire dont j'aurais besoin, et je ne puis mieux m'adresser qu'à vous.

GABRIELLE, à part.
Mais il s'exprime fort bien.

VALSAIN.

AIR nouveau de M. ALLAN.

Contre l'amour en vain l'on veut combattre,
Vous paraissez, il est déjà vainqueur;
(A Gabrielle.)
Heureux celui qui doit avoir ce cœur,
Mais plus heureux celui qui le fait battre!

M. DE CRAC.

Ah! çà, mon gendre, point de gêne ici, chacun son goût. Ma fille fait de la musique; moi, je suis chasseur, et mon nebeu fait des armes. Bous pouvez choisir parmi tous ces amusements.

VALSAIN.

Mais je les choisis tous. Je chante avec mademoiselle, je chasse avec le beau-père, et je me bats avec le cousin.

GABRIELLE, à part.

Germeuil n'en fait pas tant.

M. DE CRAC.

Et les veillées donc!... je bous conterai mes exploits, ou viendes histoires de rébénants... Croyez-bous aux histoires dé rébénants?

VALSAIN.

Parbleu, si j'y crois! j'en fais.

M. DE CRAC.

Ma fille! Rosalie! le goûter. (Rosalie sort.) Elle est charmante, ma fille; elle a été élebée dans une maison d'éducation à Paris. Quatre mille vrancs de pension, et cependant elle baque aux soins du ménage. (Gabrielle et Germeuil s'éloignent. — M. de Crac tirant Valsain à l'écart.) Telle que bous la boyez, les plus hauts partis de la probince se sont présentés pour elle. (En confidence.) Le préfet de Carpentras, (Rosalie rentre avec Gouspignac. — Ils disposent la table pour le goûter.) le directeur des douanes me l'abait demandée pour son fils; Rosalie bous le dira.

VALSAIN.

Pardon, mais ce dernier n'a qu'une fille, et même d'un certain âge.

M. DE CRAC.

Bous croyez? C'est alors pour le fils de sa fille... Mais, tenez, le général Valsain, l'homme le plus riche du pays, briguait mon alliance, et son fils le colonel m'a écrit dernièrement une lettre charmante... Rosalie l'a lue.

VALSAIN.

En êtes-vous bien sûr? (A part.) Je l'ignorais.

M. DE CRAC.

Comment sûr! Jé bous montrerai la lettre.

VALSAIN.

Et vous avez refusé?

M. DE CRAC.

Non; c'est que le june homme est mort. Une affaire terrible; un duel qu'il a eu dernièrement.

VALSAIN.

Je croyais au contraire qu'il avait tué son homme.

M. DE CRAC.

Errur, errur, je bous l'affirme, et bous le contirme. Mais boici le goûter. (A Rosalie.) A-t-on été au marché?
(Ils se placent à table dans l'ordre suivant : M. de Crac, Germeuil, Gabrielle, Valsain. — Rosalie reste debout auprès de M. de Crac.)

M. DE CRAC.

AIR du Hussard de Felsheim.

De cé goûter que je bous donne,
Mon jardin seul a fait les frais,
Et pour moi Bacchus et Pomone
Sont prodigues dé leurs bienfaits...
  (A demi-voix.)
Eh! sandis! quelle maigre chère!...

GOUSPIGNAC, de même.

C'est l'ordinaire du repas.

M. DE CRAC, de même.

Mais qu'importe? veux-tu té taire,
Les amoureux ne mangent pas.

Ensemble.

M. DE CRAC.

A ce goûter que je vous donne
Va présider la bonne humeur;
Le plaisir toujours assaisonne
Un repas offert de bon cœur.

GERMEUIL, GABRIELLE, ROSALIE et GOUSPIGNAC.

A ce goûter que l'on vous donne,
Va présider la bonne humeur;
Le plaisir toujours assaisonne
Un repas offert de bon cœur.

VALSAIN.

A ce goûter que l'on me donne
Va présider la bonne humeur;
Le plaisir toujours assaisonne
Un repas offert de bon cœur.

(Ils se mettent à table, Gouspignac sort.)

M. DE CRAC.

A propos; bous êtes benus en boste? Je bais toujours la boste. Jé mé rappelle entre autres une abanture, la plus particulière qui soit jamais arribée. Nous galopions sur la grande route, près de Versas, quand il vient un coup dé bent tellement fort, qué les chebaux, la voiture et moi nous nous troubons transportés à trois lieues de la... demi-poste.

TOUS.

Ah! pour celui-là...

M. DE CRAC.

Attendez, cé n'est rien, le plus plaisant, c'est qu'on voulait me faire payer boste entière, comme si les chevaux abaient fait la route à pied... Non, parole d'honnur! Demandez à Rosalie, elle y était.

ROSALIE, détachant la croix d'or qu'elle a au cou.

Ah! pour celle-là, moussu... j'aime mieux vous la rendre.

VALSAIN.

Que dit-elle donc?

M. DE CRAC.

Rien, rien; c'est qu'elle aime à rire...

SCÈNE X.

Les mêmes; GOUSPIGNAC.

GOUSPIGNAC.

Moussu, jè bénais bous dire...

M. DE CRAC, à Valsain.

C'est un petit élève; je lui montre la langue française; jé lé forme sur la prononciation; il n'a presque plus l'accent. Il est d'une des vonnes familles du pays. Allons, Gouspignac, parlez haut.

GOUSPIGNAC.

C'est qué j'ai bu des gens de maubaise mine rôder autour du châtos.

VALSAIN, à part.

Est-ce à moi qu'on en voudrait?

M. DE CRAC, à Gouspignac.

Plus bas, plus bas!

GOUSPIGNAC, très haut.

Et comme la semaine dernière nous avons renboyé ces créanciers qui benaient saisir le châtos...

M. DE CRAC, se levant et allant à Gouspignac.

Taisez-bous, taisez-bous. Le châtos! Est-ce ainsi qué jé

bous ai appris à parler? (A part.) Boyons ce que cé peut être. (Haut.) Je bais chez lé notaire, et j'espère qué cé soir bous direz adieu à botre liverté.

(Il sort.)

VALSAIN, à part.

Il ne croit pas peut-être si bien dire. (Haut.) Je vous suis. (A part.) Tâchons de savoir si ce n'est pas moi qu'on cherche.

(Il sort.)

SCÈNE XI.

ROSALIE, GABRIELLE, GERMEUIL, GOUSPIGNAC.

ROSALIE, bas à Gabrielle.

Bous le boyez, il n'y a pas un moment à perdre.

GABRIELLE.

Que veux-tu que je fasse?

ROSALIE.

Lui déclarer nettement que bous né l'aimez pas, parcé qué vous aimez Germeuil.

GABRIELLE.

Mais oui, je l'aime; car...

ROSALIE.

Un vel amour qui commence par mais, et qui finit par car.

GERMEUIL.

C'est qu'il serait plaisant que vous aimassiez Flourvac! Non, vrai, aimez-le, ce sera délicieux.

(Pendant cette scène, Gouspignac dessert la table et sort ensuite.)

GABRIELLE.

AIR : Pierrot partant pour la guerre.

Quoi! supposer que je l'aime!

D'où peut naître un tel soupçon ?
Je le vois d'aujourd'hui même.

ROSALIE.

Ce n'est point une raison.

GABRIELLE.

Quoi ! l'ami de mon enfance
Par moi serait oublié !

ROSALIE.

Une ancienne connaissance
Est un titre en amitié,
　　Mais l'amour
Aime les amis d'un jour.

Il est un moyen de nous prouver le contraire ; renvoyez-le.

GABRIELLE.

Sans doute, je le renverrai.

GERMEUIL.

Vous ferez bien ; car je saurais le contraindre à sortir.... Mais justement le voici. Nous vous laissons seuls.

GABRIELLE.

Non, Rosalie, ne me quitte pas.

(Germeuil et Rosalie sortent.)

SCÈNE XII.

GABRIELLE, VALSAIN.

VALSAIN, à part.

Je n'ai vu personne... Sachons si son cœur est engagé. (Haut.) Vous me fuyez, mademoiselle ?

GABRIELLE.

Non, monsieur. (A part.) Lui dire : Je vous hais, c'est si impoli ! Il faut que ce que je vais faire ne soit pas bien ; car jamais mon cœur n'a battu aussi fort.

VALSAIN.

Je me retire si ma présence vous importune.

GABRIELLE.

Importune au contraire.

VALSAIN, vivement.

Au contraire? Elle vous fait donc plaisir?

GABRIELLE.

Plaisir! Ce n'est pas cela que je voulais dire. Je suis bien aise de vous voir, parce que j'ai à vous parler.

VALSAIN.

Et moi j'ai tant de choses à vous dire!

GABRIELLE.

Je ne sais comment vous le faire entendre.

VALSAIN.

Je ne sais comment m'expliquer.

GABRIELLE.

Dites toujours; je comprendrai peut-être.

VALSAIN.

Je suis aussi embarrassé que vous.

GABRIELLE, vivement.

Ah! mon Dieu! Est-ce que vous me haïriez, et que vous n'oseriez pas me le dire?

VALSAIN.

Vous haïr! Et qui le pourrait? Dès qu'on vous voit, ne faut-il pas vous aimer? Mais, parlez, je veux tout devoir à vous-même, et rien à l'obéissance. Si vous avez fait un choix, vous n'avez à redouter ni contrainte, ni violence. Je partirai avec le regret de vous avoir connue. Je sentirai tout ce que j'ai perdu; j'en mourrai peut-être; mais vous n'entendrez de moi ni plainte ni murmure.

GABRIELLE, à part.

Mourir si jeune, un si joli cavalier ! (Haut.) Mon Dieu, monsieur, je serais bien fâchée de causer votre mort.

VALSAIN.

Est-ce là tout ce que vous vouliez me dire ?

GABRIELLE.

Mais pas tout à fait.

VALSAIN.

Dites toujours, je comprendrai peut-être.

GABRIELLE.

Je n'aurai jamais la force d'avouer... Mais ne pouvez-vous pas deviner ?

VALSAIN.

Elle est charmante.

DUO.

Musique de M. Hermann.

VALSAIN.

Tournez vers moi ces yeux si doux.

GABRIELLE.

Eh bien ! eh bien ! qu'y voyez-vous ?

VALSAIN.

De l'amitié, peut-être.

GABRIELLE.

Eh quoi ! vous y voyez cela ?

VALSAIN.

Si je puis m'y connaître,
L'amour respire en ces yeux-là.

GABRIELLE.

Quoi l'amour ?...

(A part.)

Son erreur me fait peine

(Tendrement.)

Vous n'y voyez pas de la haine ?

VALSAIN.

Quoi ! de la haine ?

GABRIELLE, plus tendrement.

Oui, de la haine.
Et pourtant, c'est cela qu'ils veulent exprimer.

VALSAIN.

Haïr ainsi, c'est presque aimer.

Ensemble.

GABRIELLE.

Son erreur me fait peine ;
Mais comment, dans ce jour,
Quand je veux exprimer la haine,
Mes yeux expriment-ils l'amour ?

VALSAIN.

D'honneur ! elle est charmante ;
Et dans ce jour,
Cette haine qui m'enchante,
A tous les traits de l'amour.

Vous m'aimez donc ? quel sort heureux !

GABRIELLE.

Mais non.

VALSAIN.

Vous l'avez dit.

GABRIELLE.

Ce sont mes yeux.
Pour vous ma haine est extrême.

VALSAIN.

Haïssez-moi toujours de même,
Répétez ce mot affreux.

GABRIELLE, tendrement.

Je vous hais.

VALSAIN.

Encore mieux !

GABRIELLE, plus tendrement.

Je vous hais.

VALSAIN.

Mieux encore !

GABRIELLE.

Moi, je vous hais, je vous abhorre,
Et je sens que chaque jour
Je vous haïrai plus encore.

GABRIELLE et VALSAIN.

Voilà, voilà parler sans détour.

GABRIELLE, tendrement.

J'en fais ici la promesse,
Je vous haïrai sans cesse
Jusqu'à mon dernier jour !

SCÈNE XIII

Les mêmes ; M. DE CRAC.

M. DE CRAC.

Fort vien, ne vous dérangez pas...

VALSAIN.

Monsieur, je suis désespéré...

M. DE CRAC.

Et moi, je suis enchanté. Sandis ! bous allez bite en chemin ! Jé n'aurais pas agi mieux, moi qui m'en pique.

VALSAIN.

Je ne sais comment cela s'est fait.

M. DE CRAC.

Jé lé sais vien, moi.

AIR : Dans la paix et l'innocence. (*Le Club des bonnes gens.*)

Votre cœur tout haut soupire,
Le sien soupire tout bas.

GABRIELLE.

Mon père, qu'osez-vous dire ?

M. DE CRAC.

Ah ! vous n'en conviendrez pas.
Le petit dieu de Cythère
Ne dit jamais ni oui, ni non ;
C'est un Normand.

VALSAIN.

A moins, beau-père,
Que ce ne soit un Gascon !

M. DE CRAC.

Cé n'est pas tout, grande noubelle ! le gouvernur de la province arribe dans un demi-quart d'heure.

VALSAIN, à part.

Grands dieux ! le gouverneur ?

M. DE CRAC.

On aperçoit sa boiture au vout de l'allée ; et je compte sur bous pour le recevoir... Eh ! où allez-vous ?

(Il le prend par le bras et ne le quitte plus.)

VALSAIN, embarrassé.

Monsieur... (A part.) Je n'ai pas un instant à perdre.

SCÈNE XIV.

GERMEUIL, GABRIELLE, VALSAIN, M. DE CRAC, ROSALIE, GOUSPIGNAC, au fond.

ROSALIE.

Moussu, la boiture du gouvernur est à la porte du châtos.

M. DE CRAC, à Gouspignac.

Que tous mes gens soient sous les armes, et bous, allez ouvrir.

GERMEUIL.

Le gouverneur! que peut-il venir faire chez vous? c'est la première fois...

M. DE CRAC.

Sandis! il vient signer au contrat; quel honnur!

VALSAIN, à part.

Non pas; je crois qu'il vient dans un autre dessein. (Haut.) Souffrez que je me retire, je ne me sens pas bien ; je suis malade, indisposé.

M. DE CRAC.

N'importe, bous pouvez toujours signer; mon neveu aussi : tout lé monde signéra.

VALSAIN, prenant son chapeau.

Je vous assure qu'il m'est impossible; une affaire indispensable... Pardon, monsieur, mademoiselle, dans une demi-heure, je reviens.

M. DE CRAC.

Non, vous ne partirez pas. Germeuil, rétenez-lé.

VALSAIN.

Je partirai, vous dis-je.

M. DE CRAC.

Sandis! jé mé fâcherai; car enfin, sans raison...

VALSAIN, troublé.

La raison, la raison, c'est que dans l'état où je suis, impossible de signer...

M. DE CRAC.

Cap de bious! je fus fiancé un jour dé vataille; demandez à Rosalie, et quoique vlessé mortellement, j'eus encore le courage dé signer.

VALSAIN.

Blessé, blessé mortellement; si ce n'était que cela!

M. DE CRAC.

Et cadédis! qu'êtes-bous dé plus?

VALSAIN, hors de lui, et impatienté.

Ce que je suis, ce que je suis... (A part.) Parbleu! celle-là sera digne du beau-père. (Haut.) Ce que je suis? je suis mort, oui, monsieur, mort d'hier au soir.

M. DE CRAC.

Hein! Ah! çà, pour qui nous prend-il?

VALSAIN, sérieusement.

La cérémonie funèbre doit avoir lieu aujourd'hui, et vous sentez que je ne puis y manquer, j'y suis nécessaire; désolé de ce contre-temps.

(Il sort par le côté, et les laisse tous stupéfaits.)

SCÈNE XV.

LES MÊMES, excepté Valsain.

M. DE CRAC.

Ah! çà, conçoit-on pareille extravagance? et à quel propos? Je n'ai de ma vie entendu semvlavle gasconnade.

ROSALIE.

Et pourtant lé terroir est fertile à Pézénas.

M. DE CRAC, ôtant son chapeau.

O moussu de Crac, mon grand père! tu n'aurais pas dit mieux.

GABRIELLE, d'un air piqué.

Certainement, M. de Flourvac pouvait trouver une autre manière de retirer sa parole; on ne le forçait point à m'épouser, au contraire; car je ne lui ai point caché à quel point je le haïssais.

ROSALIE.

Mais pourquoi avait-il l'air troublé?

10.

GERMEUIL, à Rosalie.

Il a eu peur de moi.

ROSALIE, de même, avec intention.

n rien les effraie, jé vous l'avais dit.

M. DE CRAC, en riant.

J'y suis. On a ce matin parlé dé rébénants. Il a voulu nous faire pur. Sandis! il n'a point trouvé son homme.

SCÈNE XVI.

Les mêmes; GOUSPIGNAC.

GOUSPIGNAC, à M. de Crac.

Moussu le gouvernur n'a pas voulu entrer dans le châtos; il a dit seulement qu'il benait bous faire sa visite de condoléance; mais qu'il respectait trop botre doulur pour oser la trouvler

M. DE CRAC.

Hein! qué dit cé pétit garçon?

GOUSPIGNAC.

Il a seulement griffonné ces mots au crayon.

(Il donne un papier.)

M. DE CRAC.

Boyons. (Il lit.) « Mon cher de Crac, je me rendais au « châtos du général Valsain, mon ami, pour lui communi-« quer une noubelle importante, qui concerne son fils, « lorsqu'à l'auberge des *Trois Rois*, j'ai appris l'accident « arrivé hier à votre gendre. » (S'interrompant.) Comment le gouvernur... (Continuant.) « Mais, d'après les renseignements « qu'on m'avait donnés sur sa mauvaise réputation et ses « murs, renseignements dont je boulais bous faire part, jé « regarde l'aventure comme un vonheur pour vous; d'ail-« leurs, mon ami, nous sommes tous mortels »...

TOUS.

Ah! çà, qu'est-ce qu'il dit donc?

M. DE CRAC, lisant.

« Croyez qué jé partage votré peiné, et que sans l'affaire
« indispensable qui m'appelle chez le général, jé mé ferais
« un devoir d'assister à la cérémonie funèbre qui doit avoir
« lieu aujourd'hui. » (Commençant à s'effrayer.) Voilà en vérité
qui est fort extraordinaire. Rosalie, qu'en dis-tu?

ROSALIE.

Jé dis que ça n'est pas possible.

GERMEUIL.

Eh! sans doute.

SCÈNE XVII.

Les mêmes; LA JEUNESSE.

M. DE CRAC.

Mais que bois-je? Sandis! si jé né me trompe pas, c'est
La Jeunesse, le domestique de mon impertinent de gendre.

LA JEUNESSE.

Le pauvre homme! ce que c'est que de nous! il est vrai
que c'est la faute de son humeur acariâtre: me préserve
le ciel d'en dire du mal! mais c'était bien le plus grand
avare...

(Il pleure.)

M. DE CRAC.

Comment, c'était?... Est-ce que par hasard il n'existerait
plus?

(Le théâtre s'obscurcit peu à peu.)

LA JEUNESSE.

Vous l'avez dit, c'est hier au soir en se disputant...

M. DE CRAC.

Hier au soir, et nous l'abons bu ce matin !

GERMEUIL.

Il sort d'ici.

GABRIELLE.

Il a déjeuné avec nous.

LA JEUNESSE, effrayé.

Il a déjeuné avec vous ! vingt personnes vous diront...

M. DE CRAC, tremblant.

C'est que lui-même a dit en effet qu'il était mort hier au soir.

LA JEUNESSE.

Il vous l'a dit ! voilà une aventure à faire dresser les cheveux sur la tête.

ROSALIE.

Je n'en ai jamais entendu de pareille, depuis que moussu nous a conté des histoires de rébénants.

M. DE CRAC, tremblant.

Dé rébénants... finissez donc avec vos idées, je n'aime pas les têtes faivles, moi. (A La Jeunesse.) Ah ! çà, mon ami, rassure-toi ; là, es-tu vien sûr ? parlé-moi franchement, es-tu sûr qu'il soit mort ?

LA JEUNESSE.

Ah ! mon Dieu ! pire que cela !...

M. DE CRAC, se sauvant près des femmes.

Comment, piré que cela ?

LA JEUNESSE.

Il est enterré ; c'est aujourd'hui...

M. DE CRAC.

Justement, il nous a quittés pour aller à sa pompe funèbre.

ROSALIE.

Décidément c'était un rébénant!

M. DE CRAC, tremblant tout à fait.

Encore une fois, Rosalie, finissez abec bos remarques, bous effrayez ma fille... et point de lumière dans cet appartement! il fait un sombre! allez donc chercher un flambeau.

ROSALIE.

Ma foi, moussu, jé n'ose.

M. DE CRAC.

Oh! la poltronne! et toi, ma fille?

GABRIELLE.

Je n'ose.

M. DE CRAC.

Eh! sandis! allez-y toutes deux. (Elles sortent.) Comme les femmes sont craintibes! (Criant.) Ne soyez pas longtemps, nous né sommes que trois ici... Ah! mon Dieu! il a promis de rébénir dans une demi-heure, s'il allait tenir sa parole... Ah! mon Dieu! je crois que j'entends du vruit.

AIR : La signora malade.

Malgré moi je frissonne.

GERMEUIL.

Quelle peur vient vous saisir?

(On entend sonner une pendule.)

M. DE CRAC.

Ciel! la pendule sonne!
S'il allait rébénir!

SCÈNE XVIII.

Les mêmes; VALSAIN.

VALSAIN, paraissant dans le fond du théâtre, en grand uniforme.

Ah! quel heureux événement!
Je puis me montrer à présent.

M. DE CRAC.

Ah! c'est lui!

GERMEUIL et LA JEUNESSE.

C'est lui!

(Ils se sauvent tous trois.)

SCÈNE XIX.

VALSAIN, seul.

Est-ce moi qu'on évite?
Pourquoi prendre la fuite?
Que veut dire cela?

SCÈNE XX.

VALSAIN, ROSALIE et GABRIELLE, sortant du cabinet.

ROSALIE, un flambeau à la main.
Ah! moussu, nous boilà.
(Elle aperçoit Valsain, pousse un cri, laisse tomber le flambeau, et s'enfuit. Valsain retient Gabrielle par la main.)
Ciel! c'est lui, le boilà!

VALSAIN.
C'est elle, la voilà.
Et pourquoi loin de moi vouloir porter vos pas?

GABRIELLE.
Faut-il rester ou fuir? Mon Dieu, quel embarras!

SCÈNE XXI.

VALSAIN, GABRIELLE.

VALSAIN.

AIR de *Paul et Virginie*. (KREUTZER.)

Ah! daignez, je vous supplie,
M'écouter un seul instant!

GABRIELLE.

Éloignez-vous, je vous en prie,
Ah ! monsieur le revenant !

VALSAIN.

Doit-on, quand on est jolie,
Craindre l'ombre d'un amant ?
Voulez-vous prendre encor la fuite ?
Fais-je encor battre votre cœur ?

Ensemble.

GABRIELLE.

Oui, je le sens, mon cœur palpite,
Mais ce n'est plus de frayeur.

VALSAIN.

Rien n'égale mon bonheur !

SCÈNE XXII.

GABRIELLE, VALSAIN, M. DE CRAC, GERMEUIL, ROSALIE, LA JEUNESSE, GOUSPIGNAC, PAYSANS, avec des flambeaux et des fourches.

M. DE CRAC et LES PAYSANS, dans le fond.

Air du Carillon de Dunkerque.

Amis, faisons usage
De tout notre courage,
Et ne tremblons aucun ;
Car nous sommes vingt contre un

M. DE CRAC.

Quoi ! ma fille a l'audace
De lui parler en face !
Je n'eus pas cru, d'honnur,
Qu'elle eût autant de cur.

LE CHOEUR.

Amis, faisons usage, etc

LA JEUNESSE.

Eh bien! où est-il donc?

M. DE CRAC.

Là, ne le bois-tu pas?

LA JEUNESSE.

Ça n'a jamais été mon maître. Un procureur avec des épaulettes!

M. DE CRAC, étonné.

Comment, ce n'est pas lui? (Haut, faisant le brave.) Ah! sandis! nous allons boir. Eh vien! vous autres, abez-vous pur, quand je suis là? (A Valsain.) Moussu, peut-on saboir d'où bous benez, et si bous êtes mort ou bibant?

VALSAIN.

Monsieur, je puis vous répondre que j'existe.

M. DE CRAC.

Votre parole d'honnur?

VALSAIN.

Je vous la donne, et vous pouvez y croire. (Gasconnant.) Quoiqué jé sois aussi du pays; car je suis le colonel Valsain que vous connaissez si bien, le fils du général, votre plus proche voisin.

TOUS.

Valsain!

M. DE CRAC, s'avançant.

Quand je bous disais qué bous aviez tort d'avoir pur!

VALSAIN.

Tout ce qu'on vous a dit sur Flourvac n'est que trop véritable; et vous saurez ce qui a donné lieu à cette erreur. Une affaire d'honneur qui, heureusement, vient d'être arrangée, me permet de reparaître sous mon véritable nom, et de vous demander la main de votre fille.

M. DE CRAC.

Serait-il brai?

GERMEUIL.

Quoi, monsieur, c'est sérieusement que vous épousez ma cousine?

VALSAIN, fièrement.

Oui, monsieur, très sérieusement.

GERMEUIL.

A la bonne heure ! car je n'aime pas qu'on plaisante sur ces choses-là.

ROSALIE, à Gabrielle.

Et Germeuil, mademoiselle, bous ne l'aimiez donc que pour rire?

GABRIELLE, avec intention.

Il paraît que lui ne m'aimait pas sérieusement.

M. DE CRAC, à Valsain.

Je ne suis pas bien sûr que bous m'ayez demandé autrefois Gabrielle ; mais bous me la demandez à présent. Un peu plus tôt, un peu plus tard, sandis ! la date n'y fait rien. Je bous ai toujours désiré pour gendre. Demandez à Rosalie... Boici une des plus velles abentures de ma bie. Comvien jé vais la raconter ! En l'arrangeant un peu, je la rendrai incroyable.

VAUDEVILLE.

AIR nouveau de M. HECDJER.

M. DE CRAC.

Docile à d'adroites leçons,
  Notre famille
  Augmente et brille ;
Dans les emplois, dans les salons,
On ne voit plus que des Gascons.

LE CHOEUR.

Docile à d'adroites leçons, etc.

M. DE CRAC.

Henri Quatre ici débuta,
On connaît la balur gasconne,

Et l'esprit chez nous règnera
Tant qué coulera la Garonne.

   LE CHOEUR.
Docile à d'adroites leçons, etc.

  GERMEUIL, à Gabrielle.
De la mer on dit qu'autrefois
Sortit Vénus, votre patronne,
Sexe trompeur; pour moi, je crois
Qu'elle sortit de la Garonne.

   LE CHOEUR.
Docile à d'adroites leçons, etc.

  GABRIELLE, à Valsain.
Ici croyez-en mon serment,
A vous, lorsque mon cœur se donne,
Je ne mens pas, et cependant
Je suis des bords de la Garonne !

   LE CHOEUR.
Docile à d'adroites leçons, etc.

   GOUSPIGNAC.
Qué dé marchands de bins en gros,
Qué dans Paris nul né soupçonne,
Et qui font leurs vins de Vordeaux
Avec de l'eau de la Garonne !

   LE CHOEUR.
Docile à d'adroites leçons, etc.

   VALSAIN.
Pour nous prouver que tout est beau
Maint discoureur, d'humeur gasconne,
Se met à suer sang et eau,
Mais c'est de l'eau de la Garonne !

   LE CHOEUR.
Docile à d'adroites leçons, etc.

  ROSALIE, au public.
Plus d'un auteur, en s'embarquant,

Croit déjà, sans que rien l'étonne,
Boire dans l'Hypocrène, quand
Il ne boit que dans la Garonne !
Faites que le nôtre, aujourd'hui,
　　Chez nous voyage
　　Sans naufrage,
Et que la Garonne pour lui
Ne soit pas le fleuve d'Oubli !

LE CHŒUR.

Docile à d'adroites leçons, etc.

LA
FAMILLE DU BARON

VAUDEVILLE ÉPISODIQUE EN UN ACTE

EN SOCIÉTÉ AVEC M. MÉLESVILLE.

Théâtre de S. A. R. Madame. — 31 Août 1829.

PERSONNAGES.   ACTEURS.

SAINT-YVES, jeune artiste . . . . MM. Perlet.
LE BARON DE VARINVILLE, ami de Saint-
  Yves.   Bercour.
LE VICOMTE DESTAILLIS. . . . . . .   Dormeuil.
OSCAR, son neveu. . . . .   Gabriel.
DUMONT, domestique . . . .   Stéphane.

Mlle JUDITH, sœur du vicomte Destaillis. . Mmes Julienne.
CORINNE DE BRÉVANNES. } Nièces du   } Minette.
NATHALIE . . . . } vicomte Des- } Élisa Forgeot.
                            taillis . . .

Dans le château du vicomte Destaillis.

LA FAMILLE DU BARON

Un salon du château de M. Destaillis. — Porte au fond. A droite de l'acteur, porte conduisant au dehors; à gauche, celle d'un boudoir.

SCÈNE PREMIÈRE.

OSCAR, CORINNE, DESTAILLIS, assis, NATHALIE, Mlle JUDITH, assise.

CORINNE, regardant une corbeille.

Oui, certainement, cela vient de Paris; car ce n'est pas à Vendôme qu'on ferait des broderies pareilles! Ne trouvez-vous pas, Oscar, que cette corbeille a quelque chose d'élégant, de poétique, qui donne à rêver?

OSCAR.

Oh! vous, ma belle cousine, qui êtes la Sapho du département, vous voyez de la poésie partout; mais moi, qui suis pour la prose, pour le solide... pour cet écrin, par exemple; parlez-moi de celui-là! il y en a là au moins pour trente mille francs, n'est-ce pas, mon oncle?

DESTAILLIS.

Eh! qu'importe? voilà ce qui me plaît, voilà ce que

j'aime! (Montrant le dessus de l'écrin.) Des armes gravées et dorées. Savez-vous que ce cher Varinville a de brillantes armoiries!

Mlle JUDITH.

Il est d'assez bonne famille pour cela. Il y a eu un Varinville tué en Terre-Sainte, car il y a toujours eu dans cette maison-là de bons sentiments et de bons exemples.

OSCAR.

De bons exemples que notre futur cousin a bien fait de ne pas suivre.

CORINNE.

C'est un baron qui a de l'esprit.

DESTAILLIS.

Ils en ont tous, ma chère.

Mlle JUDITH.

Et celui-là encore plus que les autres.

OSCAR.

Si c'est possible?

Mlle JUDITH.

M. Oscar rit toujours.

OSCAR.

Et ma tante Judith ne rit jamais; elle est presque aussi grave et aussi sérieuse que Nathalie, une fiancée qui a l'air d'une veuve.

NATHALIE.

Moi, mon cousin!

CORINNE.

Eh! oui; l'on ne se douterait pas que tu es la mariée; (A Destaillis.) je n'étais pas comme cela quand j'ai épousé M. de Brévannes, votre frère, qui alors était chambellan. (A Nathalie.) Voyons, comment trouves-tu la corbeille?

NATHALIE.

Cela ne me regarde pas, ma cousine. Dès que ma famille la trouve bien...

CORINNE.

Et le prétendu?

NATHALIE.

Dès que ma famille l'a choisi...

DESTAILLIS.

A merveille, ma nièce, à merveille ! voilà comme parlaient les demoiselles d'autrefois.

Mlle JUDITH.

La famille avant tout.

DESTAILLIS.

On ne faisait rien sans l'avis et le consentement de ses ascendants.

OSCAR.

Laissez donc! quand on voulait mener son époux, on demandait...

DESTAILLIS.

L'avis des parents.

CORINNE.

Et quand il était maussade, ou jaloux, et qu'on voulait le punir, il fallait peut-être...

Mlle JUDITH.

L'avis des parents.

DESTAILLIS.

Qui ne le refusaient jamais.

AIR de *Marianne*. (DALAYRAC.)

Oui, pour l'honneur de la morale,
En famille tout se passait;
Et l'on arrêtait le scandale
Avec des lettres de cachet.

11.

C'était parfait :
On enfermait
Un fils joueur,
Un neveu séducteur,
La femme aussi ;
Puis, Dieu merci,
Ses créanciers y mettaient le mari...
Si bien que, sous la même grille,
Femme, enfants, époux et neveux,
Disaient : *Où peut-on être mieux*
Qu'au sein de sa famille!

SCÈNE II.

Les mêmes ; DUMONT.

DESTAILLIS.

Qu'est-ce que c'est ?

DUMONT.

Monsieur le baron de Varinville, qui demande à présenter ses hommages.

DESTAILLIS.

Qu'il entre.

DUMONT.

Oui, monsieur... (Revenant.) Ah ! on vient d'apporter la perruque et l'habit neuf de monsieur le vicomte.

DESTAILLIS.

C'est bien ! je m'habillerai pour la signature du contrat.

DUMONT.

Quand monsieur voudra, tout est prêt, là, à côté.

(Il sort.)

SCÈNE III.

Les mêmes ; VARINVILLE.

DESTAILLIS.
Eh! le voici, ce cher neveu!

VARINVILLE.
Oui, mon respectable oncle... (A Judith.) ma belle tante.. (A Corinne.) ma jolie cousine... il me manque quelqu'un ; il paraît que votre mari, notre aimable chambellan, est encore à la chasse.

CORINNE.
Oui, monsieur.

VARINVILLE, à Oscar.
Heureusement qu'il nous reste notre jeune cousin.

Mlle JUDITH.
Et vos chers parents que nous attendons depuis un mois, à quelle heure arrivent-ils? en avez-vous des nouvelles?

VARINVILLE.
D'assez tristes ; le comte de Varinville, mon père, est indisposé, et ma mère est restée près de son époux afin de le soigner.

DESTAILLIS.
C'est trop juste ; mais vos autres parents, votre oncle de Bordeaux ?

VARINVILLE.
Il est à Paris.

Mlle JUDITH.

La vicomtesse et son fils?

VARINVILLE.

Ils sont à Toulouse.

DESTAILLIS.

Je les croyais en route pour venir assister à votre mariage; vous nous l'avez dit.

VARINVILLE.

Oui, sans doute; mais Dieu sait quand ils arriveront! et dans l'impatience où je suis, je crois que nous pouvons toujours procéder, dès ce soir, à la signature du contrat, demain à la célébration, et ainsi de suite.

DESTAILLIS.

Y pensez-vous, mon cher ami?... nous faire une proposition pareille! je ne voudrais pas l'accepter pour tout l'or du monde.

VARINVILLE.

Et pourquoi donc?

DESTAILLIS.

C'est faire un affront à votre famille de ne pas l'attendre.

OSCAR.

Et puis, je n'y pensais pas... Ce proverbe que j'ai composé pour elle, je ne peux pas le jouer pour vous seul. Et ma cousine, la muse de la famille, qui vous préparait aussi quelque chose.

CORINNE.

Oui, je comptais vous donner une improvisation. J'ai entre autres, sur la bénédiction paternelle, une tirade à effet.

VARINVILLE.

Mon père n'y sera pas.

CORINNE.

Raison de plus pour réclamer la présence de votre oncle ; c'est de rigueur.

« Second père d'un fils dont le père est absent,
« De la nature en deuil auguste remplaçant... »

Comme cela, je pourrai m'en tirer ; mais vous voyez qu'il me faut un oncle, ou au moins une tante. N'est-ce pas, Nathalie?

NATHALIE.

Si ma famille l'exige...

DESTAILLIS.

Sans doute.

AIR du vaudeville de Voltaire chez Ninon.

Ils auraient droit d'être surpris,
Et de nous faire des reproches ;
Je veux ici voir réunis
Tous vos parents et tous vos proches.
Pour moi, tant qu'ils seront absents,
Au mariage je m'oppose.

NATHALIE, à part.

Mon oncle a raison... les parents
Servent souvent à quelque chose.

VARINVILLE.

Mais...

DESTAILLIS.

Nous vous laissons à vos affaires. Moi qui n'en ai pas, je vais m'installer dans la petite tourelle, celle qui donne sur la grande route de Paris, et à chaque voiture... Comment voyage votre oncle?

VARINVILLE.

En landau; un landau jaune.

DESTAILLIS.

C'est bien.

AIR de la valse de Robin des bois.

Par bonheur le temps est superbe,
Je vais m'établir au donjon.

CORINNE, à Oscar.

Allez composer un proverbe.

OSCAR, à Corinne.

Allez invoquer Apollon.

VARINVILLE, à Nathalie.

Vous, à l'amant tendre et fidèle,
Que vient de frapper cet arrêt,
Penserez-vous, mademoiselle?

NATHALIE, baissant les yeux.

Si ma famille le permet.

Ensemble.

DESTAILLIS.

Par bonheur le temps est superbe,
Je cours m'établir au donjon.
(A Oscar.)
Toi, va répéter ton proverbe;
(A Corinne.)
Toi, cours invoquer Apollon.

OSCAR et CORINNE.

Par bonheur le temps est superbe,
Allez observer au donjon.

CORINNE, à Oscar.

Vous, répéter votre proverbe.

OSCAR, à Corinne.

Vous, invoquer votre Apollon.

(Tous sortent, excepté Varinville.)

SCÈNE IV.

VARINVILLE, seul.

Au diable les égards et les convenances! Voilà de braves gens qui, avec leur considération et leurs devoirs de famille, m'embarrassent autant que possible. Comment faire? et comment me tirer de là?

SCÈNE V.

VARINVILLE, SAINT-YVES, portant sur son dos un équipage de peintre en voyage, et entrant par le fond.

SAINT-YVES.

Beau point de vue! Ces ruines font admirablement, et je veux demander au propriétaire la permission de les croquer d'ici.

VARINVILLE.

Qui vient là?

SAINT-YVES.

Sans doute le maître de la maison... Eh! ce cher Varinville!

VARINVILLE.

Mon camarade Saint-Yves! que j'ai à peine revu depuis le collège, depuis ton prix de rhétorique!

SAINT-YVES.

Tu t'en souviens encore?

VARINVILLE.

Ainsi que de la belle pièce de vers que tu nous récitas ce jour-là.

SAINT-YVES.

Les *Ruines de Rome*. J'y pensais, en regardant ces tourelles.
(Déclamant.)
« Où donc est la cité, métropole du monde...
« En vertus si fertile, en héros si féconde?
« Montrez-moi ses palais, ses temples, ses remparts...
« Où sont-ils?... »
(Riant.)
Et cœtera... J'ai, grâce au ciel, oublié le reste. Ah çà! est-ce que tu serais ici chez toi?

VARINVILLE.

A peu près.

SAINT-YVES.

Je te fais mon compliment. Tu as là le plus beau château ruiné que j'aie vu.

VARINVILLE.

C'est une ancienne demeure féodale, appartenant à une des premières familles du Vendômois, au vicomte Destaillis, riche propriétaire et gentilhomme arriéré, qui, dans ses idées, aime mieux de vieilles tourelles qu'une maison neuve.

SAINT-YVES.

Il a raison; il n'y a pas de comparaison pour l'effet.

VARINVILLE.

Tu ne songes qu'à ta peinture. Tu es donc toujours artiste?

SAINT-YVES.

Oui, mon ami, et toi?

VARINVILLE, avec satisfaction.

Au contraire; je suis millionnaire.

SAINT-YVES.

Cela ne m'étonne pas. En sortant du collège, tu avais déjà des dispositions; tu me prêtais toujours de l'argent.

VARINVILLE.

Je suis encore à ton service : tu n'as qu'à parler.

SAINT-YVES.

Merci, mon cher camarade; je n'ai plus besoin de rien, je suis riche aussi.

VARINVILLE.

Tu as fait comme moi; tu as joué à la Bourse?

SAINT-YVES.

Pas si bête !

AIR de *Préville et Taconnet*.

Sur cette route, où l'ardeur vous emporte,
 Trop de gens se sont égarés;
Mais un beau jour la Fortune, à ma porte,
Vint à frapper... moi, je lui dis : « Entrez. »
Elle frappa; moi, je lui dis : « Entrez. »
Je te vois rire, ô grand capitaliste :
Oui, c'était bien pour moi qu'elle venait;
Mais, comme toi, j'en doutais en effet;
Car, la voyant entrer chez un artiste,
 J'avais cru qu'elle se trompait.

VARINVILLE.

C'est un bonheur unique.

SAINT-YVES.

Que je partage avec soixante ou cent mille individus. Tu sais que j'étais d'une bonne famille; mais, ruiné à la Révolution, je me suis lancé dans l'atelier de Gérard, de Girodet, et, comme tant d'autres, j'ai dit à mon pinceau : « Fais-moi vivre. » C'est tout au plus s'il m'obéissait; mais j'étais jeune, j'étais amoureux, avec cela tout est beau.

VARINVILLE.

Amoureux ?

SAINT-YVES.

Oui, mon ami; un amour de haut étage, au faubourg Saint-Germain, une inclination mutuelle, une jeune personne charmante, que son père emmena de Paris un beau matin, sans me donner son adresse. Il y a de cela deux ans, et j'y pense toujours; l'image de ma belle est toujours, là, dans mon carton et dans mon cœur. Mes regrets sont d'autant plus vifs, que quelques mois après son départ, je reçus une invitation...

VARINVILLE.

A dîner en ville ?

SAINT-YVES.

A peu près. Je t'ai dit que j'avais eu l'avantage de perdre à la Révolution tout le bien de ma famille. Eh bien! mon ami, on daignait m'admettre, moi, et de nombreux convives, au splendide festin de l'indemnité, où, pour ma part, j'ai été fort bien traité.

VARINVILLE.

Vraiment!

SAINT-YVES.

Vingt à vingt-cinq mille livres de rente; c'est fort honnête. Mais, fidèle aux pinceaux qui m'avaient secouru dans la détresse, je ne les ai point abandonnés dans la fortune. Je suis resté artiste pour mon plaisir, mon bonheur. Je voyage à pied, *incognito*, courant les aventures, poursuivant ma belle fugitive, que j'adore toujours; et en cherchant une maitresse, je rencontre un ami. Tu vois que c'est encore une indemnité.

VARINVILLE.

Ah ! que tu es heureux ! Un nom, de la naissance et de la fortune.

SAINT-YVES.

Cela te va bien; toi, qui es quatre ou cinq fois plus riche que moi !

VARINVILLE.

Cela ne suffit pas.

SAINT-YVES.

Laisse donc ! est-ce que l'argent ne donne pas tout ?

VARINVILLE.

Cela ne donne pas... de parents.

SAINT-YVES.

Des parents ! A quoi bon ? il en faut pour venir au monde ; mais t'y voilà, et une fois qu'on a le nécessaire...

VARINVILLE, avec embarras.

Oui, quand on l'a.

SAINT-YVES.

Est-ce que tu n'as pas, comme tout le monde, un père et une mère ?

VARINVILLE.

Tout au plus.

SAINT-YVES.

Qu'est-ce que cela signifie ? explique-toi.

VARINVILLE.

C'est que justement le difficile est de l'expliquer. Ne connais-tu pas des ouvrages, d'ailleurs fort estimables, mais qui ne portent point de noms d'auteurs ?

SAINT-YVES.

Oui, qu'on appelle des productions anonymes.

VARINVILLE.

Eh bien! voilà ma situation, je suis un ouvrage de ce genre.

SAINT-YVES.

Et c'est ce qui t'afflige?

AIR du vaudeville de Partie et Revanche.

Vraiment, je te croyais plus sage ;
Quand la fortune a comblé tous tes vœux,
De ses dons fais un bon usage,
Amuse-toi, fais du bien... tu le peux,
Et tends parfois la main aux malheureux.
En toi, que chacun trouve un frère ;
Une famille est bien douce à ce prix.
On ne peut pas se faire un père,
On peut toujours se faire des amis!

D'ailleurs, il y a tant de grands hommes qui ont commencé comme toi; et M. de La Harpe, et M. d'Alembert, et le beau Dunois!

VARINVILLE.

Le beau Dunois ne voulait pas se marier.

SAINT-YVES.

Tu veux donc te marier?

VARINVILLE.

Eh! oui, mon cher; je veux m'allier à la famille la plus noble de la province; parce que, quand on est riche, il faut un rang, un nom, de la considération.

SAINT-YVES.

Je croyais avoir entendu dire que tu étais baron?

VARINVILLE.

Baron de Varinville, c'est un titre que je me suis donné. J'ai acheté, sur vieux parchemins, une généalogie toute neuve, où je descends d'un Varinville tué à la Croisade.

SAINT-YVES.

Ces Croisades ont été bien utiles pour les familles.

VARINVILLE.

Mais ça ne suffit pas, les Destaillis veulent en outre des parents vivants.

SAINT-YVES.

Vraiment!

VARINVILLE.

Il leur en faut.

SAINT-YVES.

Et combien?

VARINVILLE.

Pas beaucoup; mais enfin ce qu'il faut pour composer une famille raisonnable.

SAINT-YVES.

J'entends : d'abord un père et une mère ; c'est de première nécessité.

VARINVILLE.

Non, je les ai faits malades; et l'on peut s'en passer.

SAINT-YVES.

C'est une économie. Il ne te faudrait alors qu'un ou deux oncles, une tante et quelques cousins.

VARINVILLE.

Oui, mon ami.

SAINT-YVES.

C'est facile ; et... (Écoutant.) Chut !

AIR : Povera signora

Mais tais-toi ;
Car vers moi
Quelqu'un s'avance :
Et j'entends
Des accents
Doux et touchants.
Du silence !
Écoutons bien,
Ne disons rien.

SAINT-YVES et VARINVILLE.

Du silence !
Écoutons bien,
Ne disons rien.

VARINVILLE, regardant.

C'est le cousin, répétant ses proverbes ;
Puis une sœur qui fait des vers superbes.

SAINT-YVES.

Une sœur...
Ah ! quel honneur
Pour la maison !
Apollon
Portant jupon !...

VARINVILLE, les voyant entrer.

Mais tais-toi donc !

SCÈNE VI.

Les mêmes ; OSCAR, un cahier à la main ; CORINNE, marchant lentement et composant. Oscar et Corinne s'avancent ; et, pendant qu'ils descendent sur le devant de la scène, Saint-Yves et Varinville montent et se trouvent derrière eux.

CORINNE, sans les voir.

« Second père d'un fils dont le père est absent,

« De la nature en deuil auguste remplaçant!...
« Sur le front d'un neveu que ta main protectrice,
« Pleine de vœux s'abaisse; et...

SAINT-YVES, achevant le vers.

Et que Dieu le bénisse! »

CORINNE et OSCAR.

Qu'entends-je?

SAINT-YVES, gaiement.

Pardon, belle dame, de me présenter aussi cavalièrement. Mais, en ma qualité de frère du baron de Varinville...

CORINNE et OSCAR.

Son frère!

VARINVILLE, étonné.

Mon frère! (Bas à Saint-Yves.) Qu'est-ce que tu dis donc?

SAINT-YVES, bas.

Tais-toi. C'est toujours un acompte.

OSCAR.

Son frère!... Eh bien! je l'aurais reconnu.

CORINNE.

C'est singulier. Monsieur ne nous avait pas parlé...

SAINT-YVES.

D'Anatole de Varinville, son jeune frère... L'ingrat! Je conçois. Il ne devait pas compter sur moi. Depuis trois ans, je parcours l'Italie. L'amour des arts me tenait lieu de tout. Apollon et les Muses sont une famille.

CORINNE.

Monsieur est poète?

SAINT-YVES.

Oui, madame; je fais la poésie ténébreuse et mélancolique, les spectres, les tombeaux, les suppliciés, les condamnés, et généralement tout ce qui est épouvantable, tout ce qui est horrible.

CORINNE.

Monsieur est de la nouvelle secte?

SAINT-YVES, s'inclinant.

J'ai cette horreur-là. Poésie nouvelle, comme vous savez, qui vit de ruines, de lézards, de chauves-souris, de lierre, de crapauds. Nous ne sortons pas de là; car nous aimons les corps verts, les corps blancs, les corps bleus, le jaune aussi; nous l'employons beaucoup, c'est bon teint. Enfin une littérature de toutes les couleurs, qui n'en a aucune.

AIR du vaudeville de *l'Écu de six francs*.

Employés aux pompes funèbres,
Nos auteurs, amis du trépas,
Ne brillent que dans les ténèbres;
Et, quoique toujours gros et gras,
Et faisant leurs quatre repas,
En tout temps, leur muse éplorée
Est en deuil!...

VARINVILLE.

En deuil!... de qui donc?

SAINT-YVES, bas à Varinville.

Probablement de la raison
Que ces messieurs ont enterrée.
Ils sont en deuil de la raison
Que ces messieurs ont enterrée...

(Haut.)

Et j'ose dire que, dans ce genre littéraire et funéraire, j'ai obtenu quelques succès.

OSCAR.

Des succès. Ce doit être difficile!

SAINT-YVES.

Mais non. *Je me prône, tu te prônes, il se prône, nous*

nous prônons. Dès qu'on sait conjuguer ce verbe-là, il n'en faut pas davantage pour obtenir un succès à notre manière, et se faire, entre amis, une immortalité à huis clos, qui dure au moins sept à huit jours, et qu'on recommence la semaine suivante.

CORINNE.

Ce doit être bien fatigant...

SAINT-YVES.

Pour le public; car, pour nous autres, nous y sommes faits. (A Corinne.) Et quand nous nous connaîtrons mieux, j'espère bien que nous jetterons ensemble les bases de nouveaux triomphes ; car on m'a cité de vous des choses charmantes, des improvisations. C'est mon genre ; j'y excelle. Et puis l'on m'a parlé aussi...

CORINNE.

De mes *Épîtres?* de mes *Occidentales?*

SAINT-YVES.

Oui, vraiment.

CORINNE.

J'en avais fait une avant mon mariage : *Épître à celui qui m'aura;* et deux depuis : *Épître à celui qui m'a, et à celui qui m'a eue.*

SAINT-YVES.

Délicieux ! Heureux les mortels privilégiés à qui vous daignerez en adresser encore !

CORINNE, à Varinville.

Il est fort bien, votre frère Anatole.

VARINVILLE.

Oui, pas mal.

CORINNE, à Saint-Yves.

Si je ne craignais d'être indiscrète, je vous demanderais une petite improvisation.

OSCAR.

Ah! vous ne pouvez nous refuser.

CORINNE.

Pour la première grâce que je réclame de vous...

SAINT-YVES.

Certainement.

VARINVILLE, à part.

Où diable a-t-il été se fourrer?

SAINT-YVES.

Si la compagnie veut m'indiquer un sujet... (A part et regardant Varinville.) J'espère qu'il va me demander les *Ruines de Rome*.

VARINVILLE, à part.

Qu'est-ce qu'il a donc à me regarder?

OSCAR.

Je demanderai à monsieur un parallèle entre la tragédie et la comédie.

SAINT-YVES, à part.

Que le diable l'emporte! (Haut.) Ce serait un sujet bien pénible, vu que, dans ce moment, les pauvres chères dames sont défuntes toutes deux.

OSCAR.

Vraiment!

SAINT-YVES, déclamant.

« Seigneur, Laïus est mort : laissons en paix sa cendre. »

CORINNE.

Il a raison; j'aimerais mieux un sujet noble.

SAINT-YVES, regardant Varinville.

Oui; quelque chose de romain, quelque chose d'antique.

CORINNE.

Puisque monsieur vient de Paris, qu'il nous dise des vers sur les dernières nouveautés.

SAINT-YVES.

C'est bien vieux !

OSCAR.

Sur les derniers événements.

SAINT-YVES.

C'est bien petit! Et je préférerais quelque chose de romain, de grandiose.

OSCAR.

La Baleine ou l'Éléphant.

CORINNE.

Ah! oui, la Fontaine de l'Éléphant.

SAINT-YVES.

Ça n'en finirait pas.

CORINNE.

Eh bien! sur les nouveaux embellissements de Paris. A votre choix.

OSCAR.

Ah! oui, les embellissements de Paris; c'est à ce sujet que nous nous arrêtons.

VARINVILLE.

Autant cela qu'autre chose.

SAINT-YVES, à part, regardant Varinville.

L'imbécile! (Haut.) Il paraît que la demande générale est pour les embellissements de Paris. (A part.) Nous voilà loin des ruines de Rome. (Haut.) Volontiers. Nous avons à Paris le Diorama, le Néorama...

OSCAR.

Représentant la basilique de Saint-Pierre.

SAINT-YVES, regardant Varinville avec intention.

De Saint-Pierre de Rome.

VARINVILLE.

Précisément.

SAINT-YVES.

Qu'est-ce que tu dis là ?

VARINVILLE.

Moi ! rien.

SAINT-YVES.

Il me semblait que tu avais parlé des ruines de Rome je croyais du moins avoir entendu ce mot.

VARINVILLE, à part.

Je comprends. (Haut et vivement.) Oui, oui, c'est vrai, c'est ce sujet-là que je préfère.

SAINT-YVES.

Il fallait donc le dire, tous les sujets me sont égaux ; peu m'importe, et si cela te plaît, si cela plaît à l'honorable compagnie...

TOUS.

Sans contredit.

SAINT-YVES.

J'aurais préféré un autre sujet ; mais enfin, puisque vou voulez absolument les ruines de Rome...

TOUS.

Oui, oui.

SAINT-YVES.

Je commence. (A part.) Pourvu que je me le rappelle à

présent! (Brusquement, et comme inspiré.) J'y suis ; je commence.
(Passant ses doigts dans ses cheveux.)

« Où donc est la cité, métropole du monde,
« En héros si fertile, en vertus si féconde ?
« Montrez-moi ses palais, ses temples, ses remparts...
« Où sont-ils ?... quels débris s'offrent à mes regards !...
« O temps dévastateur !... à tes coups rien n'échappe !
« Où veillait le sénat, dort un soldat du pape !... »

TOUS.

Très-beau !

SAINT-YVES, commençant à s'embrouiller, regardant Varinville et passan
auprès de lui.

« Forum, que Cicéron n'a jamais trouvé sourd !... »
(Aux autres.)
Pardon, quand on improvise... (Bas à Varinville.) Souffle-moi donc.

« Forum, où Cicéron... n'est jamais resté court...
« Il était bien heureux ! que n'ai-je son langage ?
« Que n'ai-je son talent ? j'en dirais davantage.
(S'adressant à Corinne qui le regarde en riant.)
« Mais où trouver la rime ? alors qu'un œil fripon
« Vous fait perdre à la fois l'esprit et la raison ? »

OSCAR et VARINVILLE.

Bravo !

CORINNE.

Délicieux .. (A Varinville.) Quel dommage que la famille n'ait pas été témoin...

OSCAR.

Nous allons le présenter.

CORINNE.

A M. Destaillis.

12.

OSCAR.

A M. de Brévannes, un connaisseur.

VARINVILLE, bas.

Un oncle, qui a été chambellan, et qui, maintenant, fait de l'opposition.

SAINT-YVES, à part.

C'est bon à savoir.

CORINNE, à Saint-Yves.

Venez, venez.

SAINT-YVES.

Dans cet équipage, ce ne serait pas convenable ; je vais d'abord me faire conduire à l'appartement de mon frère, pour prendre un habit plus décent.

OSCAR et CORINNE, allant au-devant de Destaillis.

Eh ! mais j'entends mon oncle.

(Ils sortent par le fond.)

SAINT-YVES, bas.

Ah ! mon Dieu ! et où serrer mon attirail de peinture ?

VARINVILLE, lui montrant le cabinet à gauche.

Dans ce cabinet.

SAINT-YVES, ouvrant la porte.

A merveille !... qu'est-ce que je vois là ? c'est mon affaire.

VARINVILLE.

Qu'as-tu donc ?

SAINT-YVES.

Rien ; sois tranquille.

(Il s'élance dans le cabinet. Oscar, Corinne et Destaillis entrent aussitôt.)

SCÈNE VII.

VARINVILLE, CORINNE, DESTAILLIS, OSCAR.

VARINVILLE, à part.

Allons, me voilà un frère qui m'est venu bien à propos.

OSCAR, à Destaillis.

Oui, vous dis-je; un jeune homme charmant.

CORINNE.

Le frère de M. de Varinville.

DESTAILLIS.

Son frère... Eh bien! je vous apporte aussi de bonnes nouvelles, car voilà son oncle.

TOUS.

Son oncle!

VARINVILLE, étonné.

Celui-là est un peu fort.

DESTAILLIS.

Oui, mon cher ami, j'ai aperçu un landau jaune.

VARINVILLE.

Vraiment! (A part.) Il n'en manque pas sur la grande route.

DESTAILLIS.

Et ce doit être le marquis, parce qu'un landau annonce toujours une fortune respectable et légitime.

VARINVILLE, à part.

Oui, légitime, comme moi.

DESTAILLIS.
Il y en avait même deux qui se croisaient.

Air du vaudeville de *Partie carrée.*

Je voudrais bien savoir qui ce peut être.

VARINVILLE.
Quelque seigneur, quelque acteur en congé.

DESTAILLIS.
L'un cependant, si je puis m'y connaître,
Marche à pas lents, tant il paraît chargé..
L'autre n'a rien, et son allure est vive.

VARINVILLE.
Ce doit être, d'après cela,
Deux receveurs, dont l'un arrive,
Et dont l'autre s'en va.

DESTAILLIS.
Du tout ; il y en a au moins un qui est votre oncle.

VARINVILLE.
On entendrait déjà la voiture.

DESTAILLIS.
Non pas : elle a dû rester au bas de la montagne qui domine la ville ; c'est un avantage de mon château... Il est tellement bien situé, que rien n'y peut arriver, pas même les voitures ; c'est une position militaire bien agréable.

VARINVILLE, à part.
En temps de paix !

DESTAILLIS.
Vous entendez bien que je m'y connais, un ancien mousquetaire !

OSCAR.
Il faut aller au-devant de lui.

CORINNE.

Lui offrir le bras.

VARINVILLE.

Je vous répète que vous vous êtes trompé, et qu'il es impossible...

DESTAILLIS.

Comment? impossible! vous pouvez d'ici apercevoir au bas de la montagne... (Regardant.) C'est singulier, je ne vois plus sa voiture, ni aucune autre.

CORINNE.

Les oncles ont toujours la vue basse; vous surtout.

DESTAILLIS.

Oui; mais j'ai là ma longue-vue, une longue-vue anglaise.

CORINNE.

Qui pourrait bien vous tromper; elle sont sujettes à caution.

DESTAILLIS.

Du tout, du tout! attendez seulement que je sois à mon point; m'y voici.

CORINNE.

Cela me rappelle mon mari, qui, depuis qu'il n'était plus chambellan, se mettait tous les matins à sa fenêtre pour voir arriver une préfecture.

DESTAILLIS.

Je ne vois rien.

CORINNE.

C'est justement ce qu'il me disait... Attendez, attendez que j'aille à votre aide.

VARINVILLE.

AIR : Le briquet frappe la pierre. (*Les Deux Chasseurs.*)

D'après un usage antique,
Toujours, dans les dénoûments,
Il nous tombait des parents
Du ciel ou de l'Amérique...
Que n'en vient-il aujourd'hui ?

DESTAILLIS.

J'en crois voir un, Dieu merci ;
Mais si loin, si loin d'ici...

OSCAR.

Il tarde bien à paraître.

VARINVILLE.

N'en soyez pas étonnés ;
 (A part.)
Ceux que le ciel m'a donnés,
Quand j'y pense, doivent être
Des parents bien éloignés.

DESTAILLIS

Il approche, il approche, et ce doit être lui, quoique cette fois-ci ce ne soit point un landau.

CORINNE.

Qu'est-ce donc ?

DESTAILLIS.

Voyez vous-même.

(Pendant qu'ils sont tous à regarder à la fenêtre, Saint-Yves, qui a pris un costume d'oncle, sort furtivement du cabinet et se glisse en dehors par la porte du fond.)

CORINNE.

Oui, c'est une *briska*, ou plutôt une berline... Ah ! mon Dieu ! je vois les maîtres sur le siège, et des chiens dans la voiture.

DESTAILLIS.

Ce sont des Anglais.

CORINNE.

C'est juste; ils n'en font jamais d'autres; trois bouledogues la tête à la portière.

SAINT-YVES, en dehors.

Hum, hum !

SCÈNE VIII.

LES MÊMES ; SAINT-YVES, arrivant par le fond et en costume d'oncle.

VARINVILLE, l'apercevant.

C'est lui; et où diable a-t-il pris cela? (Haut.) Mon cher oncle !

DESTAILLIS, étonné.

Votre oncle de Bordeaux ?

VARINVILLE.

Oui, mon oncle de Bordeaux.

SAINT-YVES, vivement, et avec l'accent gascon.

Moi-même, qui arrive comme le vent, pour assister à ton bonheur.

VARINVILLE.

Voici une partie de nos nouveaux parents.

SAINT-YVES, à Corinne, saluant.

Belle dame, voulez-vous permettre?...

(Il lui baise les mains.)

VARINVILLE, montrant Destaillis.

Et je vous présente mon oncle futur.

SAINT-YVES, à part.

L'oncle chambellan, qui fait de l'opposition. (Haut.) Par malheur, je n'ai que peu d'instants à donner à cette aimable famille.

TOUS.

Que voulez-vous dire?

SAINT-YVES.

Je me rends dans le sol natal, où tout un peuple d'électeurs m'attend avec impatience pour me proclamer.

DESTAILLIS.

Je fais d'avance mon compliment à l'honorable député.

SAINT-YVES.

Vous sentez bien que je suis au-dessus de cela. Si j'accepte, c'est uniquement pour servir les bons principes, pour protéger mes amis, ou placer mes parents quels qu'ils soient.

CORINNE.

Oh! quelle bonne occasion pour mon mari, qui voudrait être replacé!

SAINT-YVES.

Tout ce qui vous sera agréable, je le demanderai pour vous à la France.

DESTAILLIS.

Je n'ai adressé dans ma vie qu'une seule pétition à la Chambre; c'était au sujet des chiens de chasse, et de l'impôt qu'on voulait établir sur eux.

SAINT-YVES.

Pétition admirable dans ses principes, et bien digne de vous, mon cher. Je me rappelle parfaitement; j'étais à la séance, et la Chambre a eu l'honneur...

DESTAILLIS.

De passer à l'ordre du jour.

SAINT-YVES.

Qu'importe? ce qui se défait une année, se refait la suivante. Je reproduis la pétition, je monte à la tribune, et je leur dis : Messieurs, s'il est un oubli de la législation actuelle, s'il est un reste déplorable de l'ancienne féodalité, c'est dans les immunités et avantages dont jouit encore une caste privilégiée, c'est dans l'exemption d'impôt dont on favorise les chiens, les chiens dits de chasse...

DESTAILLIS et VARINVILLE, à part.

Qu'est-ce qu'il dit donc là?

SAINT-YVES.

Chez les Anglais, nos voisins, les chiens... (tirade sur l'Angleterre, et je rentre dans la question), chez les Danois eux-mêmes qui pourraient y paraître les plus intéressés (tirade sur les cours du nord; je traverse la Russie, je touche à la Turquie, et je rentre dans la question), partout, messieurs, le luxe est imposé dans l'intérêt des contribuables eux-mêmes ; car cette admirable fable de l'ancienne Grèce, cette fable d'Actéon mis en pièces par sa meute en furie, est l'emblème de ces riches propriétaires dont les chiens de chasse dévorent la fortune...

VARINVILLE, bas, à Saint-Yves.

Qu'est-ce que tu dis donc? Ce n'est pas l'oncle chambellan ; au contraire, c'est M. Destaillis, l'ancien noble, l'ancien mousquetaire !

SAINT-YVES, de même.

Il fallait donc le dire ; et moi qui ai donné à gauche. (Haut à Destaillis, qui depuis le commencement du discours s'est assis avec impatience et finit par lui tourner le dos tout à fait.) Voilà ce que diront nos antagonistes, se croyant sûrs de la victoire, et voici ce que nous leur répondrons, M. Destaillis et moi, si toutefois l'honorable Assemblée veut bien nous prêter un instant d'attention.

DESTAILLIS, étonné, se levant.

Comment, monsieur ? ce que je viens d'entendre...

SAINT-YVES.

Est le discours de nos adversaires.

DESTAILLIS.

Aussi je me disais : c'est tout le contraire de ma pétition ; car je demandais, moi, dans le cas où l'impôt aurait lieu, que les chiens de chasse seulement en fussent exemptés, à cause de l'excellence de leur race.

SAINT-YVES.

Je le sais bien : nous pensons tous deux de même ; et maintenant que nous connaissons les moyens de ceux qui ont parlé contre, je vais parler pour et les pulvériser.

DESTAILLIS, se tournant vers lui avec complaisance.

A la bonne heure, au moins...

(Corinne et Destaillis s'asseyent.)

SAINT-YVES.

Messieurs...

VARINVILLE, à part.

Il va dire encore quelque bêtise. (Haut.) Messieurs !

SAINT-YVES, se tournant vers lui.

Point d'interruption ; j'ai écouté en silence... je réclame la même faveur.

TOUS.

C'est trop juste !

VARINVILLE.

Je voulais le prévenir seulement...

DESTAILLIS, se levant.

Laissez parler l'orateur, et écoutez.

TOUS.

Oui, écoutez...

SAINT-YVES.

Messieurs, l'honorable membre auquel je succède, et dont je me plais à reconnaître les talents et l'éloquence, veut proscrire le luxe et l'anéantir. Je lui répondrai par un axiome d'un publiciste, qu'à coup sûr il ne récusera pas : Le superflu, chose très-nécessaire, fait la fortune des États, et l'agrément des particuliers...

DESTAILLIS.

Très-bien, très-bien!

SAINT-YVES.

D'ailleurs, Messieurs, laissons de côté les phrases déclamatoires ; qui veut la fin, veut les moyens. Vous aimez tous les perdreaux, et moi aussi je les aime ; j'en fais l'aveu à cette tribune ; et notre adversaire lui-même n'est peut-être pas fâché de les voir apparaître aux jours de fête sur sa table libérale et splendide. Eh bien ! Messieurs, qui les y amènera, sinon ces habiles pourvoyeurs, ces intelligents quadrupèdes, que dans votre ingratitude vous voulez proscrire ? Les proscrire ! eux, le plus touchant emblème de la fidélité (ici une tirade sur la fidélité), eux, les ennemis du despotisme (ici une tirade sur le despotisme) ; car vous savez comme moi, quels sont ceux qui, jadis, ont fait justice de l'infâme Jézabel, cette usurpatrice, dont ils n'ont fait qu'un déjeuner; et pour flétrir leur noble caractère, on vous a parlé d'Actéon, qui fut déchiré par sa meute rebelle. Mais, Messieurs, on a oublié de vous dire que dans ce fatal événement leur fidélité avait été ébranlée par des agents soudoyés, par les artifices de Diane, par les principes révolutionnaires (tirade sur la révolution), sans compter que les ornements mis au front de leur maître avaient dû le rendre méconnaissable, tant il est vrai qu'on doit prendre garde à ce qu'on met à la tête des gouvernements (tirade sur les ministres), et je conclus, Messieurs, en votant contre l'impôt !

DESTAILLIS, se levant.

Sublime, admirable !

OSCAR.

Une vigueur de raisonnement...

VARINVILLE.

Et un choix d'expressions...

CORINNE, se levant.

C'est-à-dire qu'on n'a jamais rien entendu de pareil.

AIR : Amis, le soleil va paraître. (*La Muette de Portici.*)

TOUS.

Quels jours heureux nous passerons ensemble,
Si ses parents sont tous ainsi que lui !

SAINT-YVES.

Vous jugerez combien je leur ressemble,
Dans un moment vous les verrez ici.

OSCAR.

Dieux ! je me sauve.

CORINNE.

Eh ! vite, à ma toilette !

DESTAILLIS.

Je vais chercher, moi, pour leur faire honneur,
Et ma perruque, et mon habit noisette.

SAINT-YVES, à part, et regardant son habit.

Oui... s'il le trouve, il aura du bonheur.

TOUS.

Quels jours heureux nous passerons ensemble !
De vos parents vous nous voyez ravis.
Si chacun d'eux à celui-ci ressemble,
Cette alliance aura bien plus de prix !

(Destaillis, Oscar et Corinne sortent. Saint-Yves donne la main à Corinne
et la reconduit jusqu'à la porte du fond.)

SCENE IX.

VARINVILLE, SAINT-YVES.

SAINT-YVES.

Victoire ! te voilà avec un frère et un oncle reconnus ; c'est déjà fort gentil.

VARINVILLE.

Oui ; mais ces autres parents que j'ai eu l'imprudence de leur promettre ?...

SAINT-YVES.

Ils vont arriver.

VARINVILLE.

Ensemble ?

SAINT-YVES.

Peut-être bien.

VARINVILLE.

Et comment ?

SAINT-YVES.

Ne suis-je pas là ? A présent que me voilà lancé...

VARINVILLE.

AIR du Pot de Fleurs.

Y penses-tu ?

SAINT-YVES.

J'y suffirai, j'espère ;
Sans hésiter, mon cher, je le ferai.

VARINVILLE.

Un ou deux, bien... mais la famille entière !

SAINT-YVES.

Pour te servir, je me multiplirai ;
Sur moi que ton espoir se fonde.

VARINVILLE.

Quoi ! vingt parents, à toi seul ?

SAINT-YVES.

Vraiment oui.
Depuis longtemps on a dit qu'un ami
Valait tous les parents du monde

VARINVILLE.

Tais-toi. Je crois entendre ma tante Judith, la prude.

SAINT-YVES.

Ta tante Judith ! la prude !

VARINVILLE.

Oui, celle qui fait de la morale, qui tient aux bienséances, et qui ne joue point de proverbes.

SAINT-YVES.

Elle joue peut-être autre chose.

VARINVILLE.

Je te préviens que celle-là ne se paiera point de tes improvisations.

(Saint-Yves retourne sa perruque, boutonne son habit, et prend un air modeste et compassé.)

VARINVILLE, qui pendant ce temps a regardé venir Judith.

La voilà, Saint-Yves... (Étonné, et regardant autour de lui.) Eh bien ! où est-il donc ?

SAINT-YVES, d'un ton doux.

Près de vous, mon frère.

SCÈNE X.

LES MÊMES ; Mlle JUDITH, en grande toilette.

Mlle JUDITH.

Qu'ai-je appris ! M. le marquis de Varinville serait arrivé ?

VARINVILLE.

Il est déjà reparti, madame... Mais voici son neveu, mon cousin, qui demande l'honneur de vous offrir ses respects.

Mlle JUDITH.

Que ne se présentait-il ?

SAINT-YVES.

Vous étiez à votre toilette... et je n'aurais pas voulu, pour tout au monde... m'exposer... Je vous demanderai la permission de n'en pas dire davantage... à cause de la bienséance.

Mlle JUDITH.

Voilà un jeune homme qui a de fort bonnes manières. (A Varinville.) Quelle carrière a-t-il suivie ?

SAINT-YVES.

Aucune, madame. Il y a foule partout. Dans ma famille, me suis-je dit, les uns auront de la fortune, d'autres des dignités ; celui-ci des places !... moi, j'aurai des mœurs :

c'est un état comme un autre... Célibataire avec des mœurs, voilà ma profession.

Mlle JUDITH.

C'est exactement la mienne.

SAINT-YVES.

C'est à mademoiselle Judith que j'ai l'honneur de parler, cette respectable dame, dont le cœur est le réceptacle de tous les bons principes?

Mlle JUDITH.

Moi-même.

SAINT-YVES.

Et qui, dans son austère rigueur, fuyant le mariage et ses chaînes, a juré jusqu'à présent de rester... Je vous demanderai la permission de n'en pas dire davantage, à cause de la bienséance.

Mlle JUDITH, à Varinville.

Votre cousin a une mesure et un ton parfaits.

SAINT-YVES, hésitant.

Madame...

Mlle JUDITH.

Qu'est-ce que c'est?

SAINT-YVES, à mademoiselle Judith.

Oserai-je réclamer de vous une audience particulière?

VARINVILLE.

Je comprends; je vous laisse. (Il passe à la gauche de Saint-Yves. — A part.) Que diable va-t-il lui dire? (Bas à Saint-Yves.) Comment, tu risques le tête-à-tête?

SAINT-YVES, bas et gaiement.

Je t'ai dit que je me dévouais; et quand on y est une fois... (Se retournant gravement vers mademoiselle Judith.) Madame, je suis à vos ordres.

(Varinville sort.)

SCÈNE XI.

Mlle JUDITH, SAINT-YVES.

Mlle JUDITH.

Daignez vous asseoir. (Saint-Yves offre un fauteuil à mademoiselle Judith, et va ensuite en prendre un pour lui. Mademoiselle Judith s'assied. Voyant Saint-Yves qui, en s'asseyant, fait un geste de douleur :) Qu'avez-vous donc?

SAINT-YVES.

Rien ; mais quand on vient de faire quarante-cinq lieues en poste, malgré la bénignité des coussins, cela endommage toujours plus ou moins... Je vous demanderai la permission de n'en pas dire davantage, à cause de la bienséance.

Mlle JUDITH.

A merveille... je vous écoute, monsieur.

SAINT-YVES.

Vous sentez, madame, que, prêt à faire alliance avec une famille, on désire la connaître intimement ; c'est pour cela que mon oncle m'a prié de vous demander à ce sujet des admonitions et renseignements.

Mlle JUDITH.

Inutiles à tous égards : la famille Destaillis est la famille la plus irréprochable et la plus respectable...

SAINT-YVES.

J'en vois en ce moment de grandes preuves et témoignages. Ainsi donc, M. Destaillis votre frère...

Mlle JUDITH.

D'excellents principes, mais peu de tête, et de l'importance comme un marguillier.

SAINT-YVES.

Quelle vanité!

Mlle JUDITH.

Comme ces dames qui ne songent qu'à leur parure, et quelle parure encore! car la toilette d'à présent...

SAINT-YVES.

C'est comme chez nous ; j'ai des tantes et des cousines qui souvent me forcent à baisser les yeux ; elles ont surtout... comment appelez-vous cela?

Mlle JUDITH.

Des corsets?

SAINT-YVES, lui montrant la manche de sa robe.

Non, ce que vous avez là?

Mlle JUDITH.

Des gigots.

SAINT-YVES.

Elles ont des gigots scandaleux, tant ils sont clairs et transparents : au point que la mousseline immodeste laisse apercevoir continuellement... Je vous demanderai la permission de n'en pas dire davantage. Quelle différence avec les vôtres! Voilà des gigots vertueux et opaques, qui ne permettent point à l'imagination de s'égarer sous leurs tissus diaphanes et tentateurs, et comme le reste de la toilette y répond bien!

Mlle JUDITH.

Vous trouvez?

SAINT-YVES.

Quelle convenance! quelle recherche gracieuse dans ces ajustements! et quelle élégante simplicité dans le choix même de cette étoffe!

Mlle JUDITH.

Que fait là votre main?

SAINT-YVES.

L'étoffe me paraissait si moelleuse que je craignais d'abord que ce ne fût de la soie.

Mlle JUDITH, avec fierté, et éloignant sa chaise.

Soie et coton, monsieur!

SAINT-YVES.

C'est bien différent; car nous avons maintenant un s grand luxe...

Mlle JUDITH.

Même chez les jeunes gens.

SAINT-YVES.

Ne m'en parlez pas, et la plupart ont si mauvais ton! J'en ai vu dans les salons qui, au lieu de se tenir respectueusement éloignés des dames, s'en approchaient ainsi...

(Rapprochant son fauteuil.)

Mlle JUDITH.

Vraiment!

SAINT-YVES.

C'est comme je vous le dis; ils ne craignent pas de les regarder d'un air passionné... Voyez-vous, de ces yeux qui semblent dire : « O dieux, si j'osais! » Et ils étaient plus hardis que leurs yeux.

Mlle JUDITH.

Il serait possible!

SAINT-YVES.

J'en ai vus même qui prenaient la main d'une femme, non pas comme la vôtre, avec un gant, mais telle que la voilà, (Il ôte le gant de Judith et lui baise la main.) et qui avec ardeur

osaient la porter à leurs lèvres, exactement comme cela...
N'est-ce pas une horreur ?

Mlle JUDITH.

Je n'en reviens pas.

SAINT-YVES.

On ne peut pas s'imaginer leur oubli des bienséances. Bien mieux encore : l'autre semaine, à Paris, j'allais dans un bel hôtel, chez une grande dame, pour une souscription. J'entre brusquement dans son boudoir, car elle en a un ; et qu'est-ce que je vois !... je n'ose y penser sans que le feu de l'indignation... Je suis rouge, n'est-ce pas ?

Mlle JUDITH.

Dites toujours.

SAINT-YVES.

Je vois un officier, un beau brun, brun superbe, qui était à genoux, (Tombant aux genoux de Mlle Judith.) exactement comme cela.

Mlle JUDITH.

Que faites-vous ?

SAINT-YVES.

C'est pour vous montrer ! et puis je suis mieux là qu'assis, à cause de ce que je vous disais tout à l'heure.

Mlle JUDITH.

Eh bien ! monsieur, achevez.

SAINT-YVES.

Eh bien ! madame...

SCÈNE XII.

Les mêmes; VARINVILLE.

VARINVILLE, à la cantonade.

Oui, je vais lui dire...

Mlle JUDITH, s'enfuyant.

Ah! mon Dieu! votre cousin! s'il allait penser...

SAINT-YVES, à mademoiselle Judith, qui s'enfuit.

Ne craignez rien, madame, quand les intentions sont pures...

(A Varinville.)

Air du vaudeville des Scythes et les Amazones.

Pourquoi viens-tu troubler nos conférences?

VARINVILLE.

J'arrive à temps... que diable faisiez-vous?

SAINT-YVES.

C'est à propos des convenances
Qu'en ce moment j'étais à ses genoux...
Nous ne parlions tous deux, à cette place,
Que bienséance...

VARINVILLE.

Et pourvu, je le vois,
Que l'on en parle, aisément on s'en passe.

SAINT-YVES.

On ne peut pas faire tout à la fois!

Du reste, tu vois que je n'ai pas gâté tes affaires, et que je suis assez bien avec mademoiselle Judith.

VARINVILLE.

Dès la première entrevue, déjà à ses pieds!

SAINT-YVES.

Mon ambition en restera là! Je ne tiens plus à m'élever. Mais toi, qu'as-tu fait?

VARINVILLE.

J'ai annoncé à tout le monde que mon oncle, qui avait à se faire nommer député, venait de partir en poste, mais que son neveu...

SAINT-YVES.

En allait faire autant. Je vais lui donner ma voix, à ce cher oncle.

VARINVILLE.

Et que me restera-t-il donc de toute ma famille?

SAINT-YVES.

Ta chère tante que l'on attend. Allons, vite à ma toilette!

VARINVILLE.

Et où veux-tu que je trouve un costume de tante?

SAINT-YVES.

Dans une maison où on joue des proverbes...

VARINVILLE.

Tu as raison; je vais prendre ce qu'il y a de mieux au magasin. Ah! j'oubliais... un incident qui a failli tout perdre... quelqu'un arrivé du *Cheval Rouge*...

SAINT-YVES.

De mon auberge.

VARINVILLE.

Un domestique en livrée jaune.

SAINT-YVES.

C'est le mien! je lui avais dit que j'allais au château.

VARINVILLE.

Il apportait une lettre que j'ai prise, et je l'ai bien vite renvoyé.

SAINT-YVES.

C'est prudent.

VARINVILLE, lui donnant la lettre.

Tiens, la voilà.

SAINT-YVES.

C'est bien ; mais avant tout songe à ta tante.

VARINVILLE.

Je vais la chercher.

(Il sort.)

SCÈNE XIII.

SAINT-YVES, seul, décachetant la lettre.

C'est de mon camarade Verneuil, qui m'écrit de Paris. (Il lit :) « Mon cher ami, j'ai enfin des renseignements po-« sitifs sur ta belle fugitive... mademoiselle Granson... » (S'interrompant.) Dieu soit loué! Voyez ce que c'est de servir un ami, cela vous porte bonheur. (Continuant la lecture de la lettre.) « Je sais, à n'en pouvoir douter, que depuis plus de « dix-huit mois elle a perdu son père, et qu'elle vit retirée « auprès de sa famille, qui habite une terre qu'on ne m'a pas « désignée au juste, mais qui est située entre Orléans, Ven-« dôme et Beaugency. » Que le diable l'emporte avec ses renseignement positifs... Comment faire ?

AIR du vaudeville de *Turenne.*

Jadis un chevalier fidèle,
Pour découvrir l'astre de ses amours,

Allait disant de tourelle en tourelle :
« Où donc est-elle?... » Au temps des troubadours
C'était fort beau, mais de nos jours,
S'il faut courir, pour retrouver son astre,
De terre en terre et d'arpent en arpent,
On a l'air, non pas d'un amant,
Mais d'un employé du cadastre.

SCÈNE XIV.

NATHALIE, SAINT-YVES.

SAINT-YVES, voyant Nathalie.

Que vois-je ?

NATHALIE, levant les yeux.

M. de Saint-Yves en ces lieux !

SAINT-YVES.

Nathalie !... Qu'on dise encore que les romans sont invraisemblables ! Si je l'avais lu, je ne le croirais pas. Mais je vous vois ; je vous retrouve !... Depuis deux ans que je vous cherche, où étiez-vous donc ?

NATHALIE.

Ici, dans ma famille.

SAINT-YVES.

Vraiment !

NATHALIE.

Et vous, qu'y venez-vous faire ?

SAINT-YVES.

Rendre service à un ami, M. de Varinville.

NATHALIE.

Que dites-vous ?

SAINT-YVES.

Et assister à sa noce.

NATHALIE.

A la mienne !

SAINT-YVES.

O ciel ! c'est vous qu'il épouse ?

NATHALIE.

Moi-même. On n'attend plus pour cela que sa famille.

SAINT-YVES.

Malédiction !

NATHALIE.

Et voilà déjà un frère, un oncle et un cousin qui, dit-on, viennent d'arriver.

SAINT-YVES, à part.

Ah ! si cette aventure se répand, comme on se moquera de moi !

NATHALIE.

Qu'avez-vous donc ?

SAINT-YVES.

Rien. Soyez tranquille ; il ne vous épousera pas, ou j'y perdrai mon nom, et lui aussi, ce qui lui coûtera moins qu'à moi.

NATHALIE.

Qu'est-ce que cela veut dire ?

SAINT-YVES.

Que je ne sais comment faire ; mais c'est égal. Rappelez-vous seulement que je vous aime, que vous serez à moi, que rien ne peut nous séparer. On vient... partez vite.

(Nathalie sort.)

SCÈNE XV.

SAINT-YVES, VARINVILLE.

VARINVILLE, apportant un carton et un paquet de robes.

Voilà, voilà ce que j'ai trouvé de plus nouveau, non pas au magasin, mais chez ma tante Judith. Un habillement charmant qu'elle s'était fait faire pour la noce. Et nous allons les battre avec leurs propres armes. Eh bien! qu'as-tu donc?

SAINT-YVES.

L'événement le plus fâcheux!

VARINVILLE.

Ah! mon Dieu! est-ce que cette lettre que je t'ai remise?...

SAINT-YVES.

Précisément; c'est une lettre qui arrive de Paris, et qui m'annonce...

VARINVILLE.

Une perte? une faillite? Je suis là pour tout réparer.

SAINT-YVES.

Je te remercie; on m'apprend, au contraire, que ma belle inconnue est retrouvée.

VARINVILLE.

Et tu n'es pas enchanté?

SAINT-YVES.

Non, vraiment, car elle est sur le point d'en épouser un autre.

VARINVILLE.

Est-il temps encore?...

SAINT-YVES.

Oui, sans doute.

VARINVILLE.

Demain je retourne à Paris, et nous ferons si bien que nous l'enlèverons à ton rival.

SAINT-YVES.

Oui, mais c'est que ce rival est un ancien camarade.

VARINVILLE.

Qu'importe!

SAINT-YVES.

Un ami.

VARINVILLE.

Raison de plus. Dans ce cas-là il n'y a pas d'amis.

SAINT-YVES.

Tu crois?

VARINVILLE.

Oui, sans doute; c'est de bonne guerre. Il n'y a que les imbéciles qui se fâchent. Quitte à lui, quand tu seras marié, de prendre sa revanche.

SAINT-YVES.

A la bonne heure! je n'ai plus de scrupule, et je commence.

VARINVILLE.

Un instant!... tu commenceras par moi.

SAINT-YVES.

C'est trop juste; mais cette fois tu m'aideras, et ne va pas me laisser, comme ce matin, au milieu des *Ruines de Rome*.

VARINVILLE.

Volontiers. Que faut-il faire?

SAINT-YVES.

Je te le dirai; mais ma toilette... On vient; je n'aurai pas le temps... Je me retire dans mon boudoir; empêche qu'aucun indiscret ne puisse y pénétrer.

VARINVILLE.

Et mon rôle que tu oublies...

SAINT-YVES.

Je vais te l'écrire en deux mots; je te le glisserai dans la main, et je te dirai quand il faudra commencer.

VARINVILLE.

A la bonne heure!... va-t'en.

(Saint-Yves entre dans le cabinet à gauche.)

SCÈNE XVI.

OSCAR, NATHALIE, CORINNE, DESTAILLIS, Mlle JUDITH, VARINVILLE.

TOUS.

AIR : Ah! quel outrage. (*Le coiffeur et le perruquier.*)

Quelle famille!
En elle brille
Tout ce qu'aime notre famille!
Quelle alliance!
L'or, la naissance,
Oui, chez lui
Tout est réuni.

CORINNE, à Varinville.

De votre frère on aime l'élégance.

Mlle JUDITH.

Moi, du cousin j'aime l'air ingénu.

DESTAILLIS.

Moi, j'aime l'oncle et sa mâle éloquence.

NATHALIE, regardant autour d'elle.

Moi, ce que j'aime, hélas! a disparu.

TOUS.

Quelle famille! etc.

DESTAILLIS.

L'oncle le député est charmant; c'est un cavalier accompli, un gentilhomme de l'ancienne roche.

CORINNE.

Et le frère donc, un ami des arts qui improvise, comme les Italiens!

Mlle JUDITH.

Et son neveu; ah! vous n'avez pas vu son neveu! un jeune homme si intéressant, et qui a de si bonnes manières!

VARINVILLE, riant.

Un ami des bienséances, des convenances!

Mlle JUDITH.

Oui, monsieur. Ce n'est pas lui qui s'aviserait d'entrer dans un appartement sans se faire annoncer. Et puis il a toujours de si bonnes intentions, que ce qui scandaliserait dans un autre devient chez lui tout à fait exemplaire.

CORINNE.

Ah! monsieur, que vous êtes heureux d'avoir une pareille famille!

DESTAILLIS.

Que nous sommes heureux, puisque cette famille est la nôtre.

VARINVILLE.

Vous êtes bien bons, mais vous n'avez rien vu encore, et j'espère vous présenter bientôt ma tante la vicomtesse de Varinville.

NATHALIE, à part.

Ah! mon Dieu!

DESTAILLIS, à Nathalie.

Qu'avez-vous donc?

NATHALIE.

Rien, mon oncle. (A part.) Plus d'espoir, la tante va arriver.

Mlle JUDITH, à Varinville.

Vous l'attendez donc?

VARINVILLE.

Mieux que cela.

CORINNE.

Que voulez-vous dire?

VARINVILLE.

Elle est ici.

TOUS.

Il serait possible! et vous ne nous le disiez pas!

DESTAILLIS.

Où est-elle? où est-elle?

VARINVILLE, désignant le cabinet à gauche.

Là, dans ce boudoir.

DESTAILLIS.

Mon chapeau, mes gants, que j'aille lui offrir la main.

VARINVILLE.

Vous ne la lui offrirez pas.

DESTAILLIS.

Je la lui offrirai.

VARINVILLE.

Vous ne la lui offrirez pas.

DESTAILLIS.

Et pourquoi donc?

VARINVILLE.

Parce que, dans ce moment, elle est à sa toilette.

Mlle JUDITH.

C'est juste, mon frère, c'est juste, les bienséances avant la politesse. Mais les femmes du moins peuvent entrer?

CORINNE.

Sans doute, ne fût-ce que pour offrir nos soins.

Mlle JUDITH.

Et j'y vais la première. (A Nathalie.) Venez donc, mademoiselle, venez donc avec nous.

VARINVILLE.

Ah! mon Dieu! que va-t-il arriver?
(Les deux dames s'élancent vers la porte à gauche, qu'on referme vivement.)

UNE VOIX DE FEMME, en dehors.

On n'entre pas.

VARINVILLE.

Cela ne m'étonne pas, ma tante la vicomtesse est d'une pudeur antique, la pudeur la plus chatouilleuse.

Mlle JUDITH.

C'est comme moi.

VARINVILLE.

Je dirais même, si ce n'est le respect que je lui dois, qu'elle est un tant soit peu bégueule; mais elle rachète ce léger défaut par une grâce, une finesse, un esprit...

Mlle JUDITH.

Ce que nous appelons femme de qualité, femme de cour.

VARINVILLE.

Mieux que cela; car j'ose dire qu'à la cour il n'y en a pas une comme elle.

CORINNE.

Je ne serai pas fâchée de voir cette merveille. Comment est-elle sous le rapport des dons extérieurs?

VARINVILLE, à part.

Ah! diable, je ne sais pas quelle figure il va se faire! (Haut.) Je ne vous dirai pas au juste; il y a très-longtemps que je n'ai vu ma tante, et je serais même capable de ne pas la reconnaître, sans la voix du sang, et puis si je ne savais pas que c'est elle...

DESTAILLIS.

Silence, la porte s'ouvre.

OSCAR, lorgnant.

Il est de fait que de loin elle n'est pas mal pour son âge.

AIR de la contredanse de *la Somnambule* *.

TOUS.

Silence! (*Bis.*)
Vers nous elle s'avance;

★ Si l'acteur a eu le temps de s'habiller en femme, ce couplet se passe à la représentation.

Silence! (*Bis.*)
D'ici n'entends-je pas
Ses pas?

DESTAILLIS.

C'est elle,
Modèle
Des vertus
Qu'on aime le plus.
Sa mise
Exquise
Prouve sa décence, et surtout
Son goût.

TOUS.

Silence! (*Bis.*)
Vers nous elle s'avance;
Silence! (*Bis.*)
Elle a bien plus d'attraits
De près.

SCÈNE XVII.

LES MÊMES; SAINT-YVES, habillé en femme.

(Tout le monde le salue; Destaillis va lui offrir sa main.)

SAINT-YVES, voix de femme.

AIR du trio du *Concert à la Cour*.

Pour moi que ce jour a de charmes!
Mais daignez calmer mes alarmes,
Tant de beautés m'intimident un peu.
En faveur de mon cher neveu,
Mesdames, que je vous embrasse!

(Il embrasse Judith et Corinne.)

Mlle JUDITH, d'un air aimable.

J'allais demander cette grâce.

SAINT-YVES, à Nathalie.

Et cette aimable enfant.
(Bas, avec sa voix naturelle.)
C'est moi.

NATHALIE.

O ciel !

DESTAILLIS.

Pourquoi donc cet effroi ?

Mlle JUDITH, la poussant.

Allons, ma chère, imitez-moi.

SAINT-YVES, l'embrassant.

Vraiment, elle est toute tremblante.

OSCAR, lui baisant la main.

Près de vous peut-on avoir peur

SAINT-YVES, faisant des mines.

Cet accueil me touche et m'enchante
(A Varinville, qui est à la gauche du théâtre.)
Et vous, avec votre air boudeur,
Venez donc près de votre tante.
(Lui tendant sa main à baiser.)
Je vous permets aussi, profitez-en, monsieur.

DESTAILLIS.

Moi, je réclame une telle faveur.

VARINVILLE, à part.

Au diable, au diable, une telle faveur !

SAINT-YVES, montrant Destaillis.

O ciel ! l'aimable caractère !
Oui, mon cœur, à ses doux regards,
Le reconnaît ! comme ancien mousquetaire,
Pour le sexe il a des égards.

Ensemble.

SAINT-YVES, bas à Varinville, voix naturelle.

Allons, calme-toi, plus d'alarmes !
Vois ce regard, ce sourire vainqueur...
Il faut qu'on nous rende les armes,
Tout cède à ce sexe enchanteur !

DUTAILLIS et OSCAR.

O ciel ! que d'attraits, que de charmes !
Quel doux regard, quel sourire enchanteur !
Oui, de lui rendre encor les armes
On se ferait un vrai bonheur !

Mlle JUDITH, CORINNE et NATHALIE.

Voyez que de grâce et de charmes
Malgré son âge elle a de la fraîcheur
Et l'on rendrait encor les armes
A ce regard plein de douceur !

(A la fin du morceau, entrent deux domestiques qui donnent des sièges aux dames et aux messieurs. Tout le monde s'assied.)

DESTAILLIS.

Ah ! qu'on est heureux de se trouver en famille

SAINT-YVES.

Ah ! oui, en famille, je crois bien y être. Sans cela, n'oserais me présenter dans un pareil négligé.

DESTAILLIS.

Vous êtes superbe.

SAINT-YVES.

Taisez-vous, flatteur !

Mlle JUDITH.

C'est-à-dire que c'est étonnant, et je me félicite maintenant de mon goût, car j'ai un ajustement tout à fait semblable.

SAINT-YVES.

Vraiment! c'est la dernière mode.

Mlle JUDITH, avec satisfaction.

La dernière?

SAINT-YVES.

Oui, celle que l'on vient de quitter.

Mlle JUDITH, fâchée.

Eh bien! par exemple... Mais ce qui m'étonne encore plus... (A Varinville.) c'est la ressemblance de madame avec le jeune cousin.

SAINT-YVES.

On se ressemble de plus loin ; c'est mon fils.

DESTAILLIS.

Le fils du vicomte de Varinville?

SAINT-YVES.

Non, d'un autre mariage.

Mlle JUDITH.

Ah! il est de votre premier mari?

SAINT-YVES.

Non, madame, de mon second.

OSCAR.

Le vicomte est donc le troisième?

SAINT-YVES, le regardant tendrement.

Oui, monsieur, il est à l'extrémité dans ce moment, ce qui l'a empêché de venir.

TOUS.

Ah! mon Dieu!

VARINVILLE, à part.

Pourquoi diable va-t-il leur dire tout cela?

Mlle JUDITH.

Je ne conçois pas qu'on puisse se marier trois fois.

SAINT-YVES.

C'est ce que je disais la première. Aussi il n'y a que celle-là qui ait eu lieu avec mon agrément; les deux autres, cela n'a été que malgré moi, et par respect humain.

DESTAILLIS.

Et comment cela?

SAINT-YVES.

Lors de la guerre, voyageant en poste avec ma femme de chambre, nous tombâmes dans un avant-poste ennemi, un pulk de Cosaques...

Mlle JUDITH, CORINNE et NATHALIE.

Ah! mon Dieu!

SAINT-YVES.

Ils étaient affreux, mes chères : des moustaches à la Souvarow, moustaches parfaitement cirées, et des barbes à la Saint-Antoine, comme les jeunes gens à la mode en portent à présent : c'était horrible! Comme j'ai eu l'honneur de vous le dire, ils étaient là en reconnaissance, et par suite de cette reconnaissance, je me vis obligée d'épouser un des chefs, un Tartare nogaïs, le comte de Tapcoquin, de qui j'ai eu mon petit Emmanuel Nicolaïof, que vous avez vu ce matin.

Mlle JUDITH.

Quoi! ce jeune homme de si bonnes mœurs?

SAINT-YVES.

C'est un jeune Cosaque... Cosaque civilisé... Mais le naturel primitif commence à se déclarer. Vous avez dû vous en apercevoir à ses galantes entreprises.

DESTAILLIS.

Comment, ma sœur?

Mlle JUDITH.

Qu'est-ce que cela signifie?

SAINT-YVES.

Il m'a tout dit; il m'a parlé d'un baiser... d'une déclaration faite à vos genoux.

Mlle JUDITH.

Quelle horreur! une femme comme moi!

SAINT-YVES.

Est-ce que cela vous fâche? Est-elle drôle! c'est une plaisanterie; son père en faisait bien d'autres. Pauvre cher Tartare!... Grâce au ciel, je l'ai perdu en France, à la bataille de Montmirail. (Tirant son mouchoir.) Encore dans une reconnaissance, et j'en ai gardé une éternelle au boulet de canon tutélaire qui m'a rendue à la liberté, à ma patrie et à la société, dont j'étais, à ce qu'on m'a dit quelquefois, le plus bel ornement.

DESTAILLIS.

Voilà de singulières aventures.

Mlle JUDITH, à part.

Et une femme que je ne puis souffrir, pas plus que son benêt de fils!

VARINVILLE, à part.

Qu'est-ce que cela signifie? (Haut.) Il faut dire aussi qu'après cette vie agitée, madame la vicomtesse n'a plus coulé que des jours calmes et tranquilles, au sein des arts et de l'amitié.

SAINT-YVES.

Ah! oui, les arts que j'aime d'instinct et de passion, et que j'ai cultivés, dans mon printemps, j'ose dire avec un certain succès, et qui m'ont fait faire la conquête de M. de Varinville, mon dernier mari, que je crois voir encore avec son lorgnon et ses ailes de pigeon ; un dilettante qui adorait ma voix, car je chantais autrefois comme madame Malibran.

AIR du *Concert à la Cour* *.

> Dans un air de *Ma tante Aurore*,
> Une cadence le charma ;
> Le lendemain, plus tendre encore,
> Une roulade l'enflamma.
> Il vint chez moi... car près des belles
> L'Amour voltige sans façon,
> Lorsque l'Amour, outre ses ailes,
> Porte des ailes de pigeon.

Enfin il m'enleva, et voilà comment je fus séduite pour la seconde fois.

Mlle JUDITH.

Pour la seconde fois !

VARINVILLE.

Ma tante se trompe ; elle confond dans ses souvenirs.

SAINT-YVES.

C'est possible ; j'avais si peu d'expérience, j'étais si jeune quand j'ai quitté le toit paternel... Mon père, pâtissier du roi... (Mouvement de tout le monde.) une charge qui donnait la noblesse, toujours en bas de soie, l'épée au côté, brutal de caractère, nous donnait plus de soufflets que de tarte aux pommes, plus de coups de pied que de croquignolles. Un jour, à la suite d'une vivacité paternelle, plus vive que de coutume, je pris mes jambes à mon cou, et mes chers parents n'entendirent plus parler de moi.

(Chantant.)

> Non, non, non, j'ai trop de fierté
> Pour me soumettre à l'esclavage !

★ Ce couplet peut se passer. Après les mots : *un dilettante qui m'adorait*, on va tout de suite à : *et qui m'enleva, voilà comment je fus séduite pour la seconde fois*, etc.

DESTAILLIS et LES AUTRES, se regardant.

Voilà qui est inconcevable !

SAINT-YVES, continuant de chanter.

Dans les liens du mariage,
Mon cœur ne peut...
(S'interrompant.)

Pardon, je ne suis pas en voix aujourd'hui, et puis cet appartement est un peu sourd.

VARINVILLE, à part, avec humeur.

J'est bien heureux !

SAINT-YVES.

Si vous m'aviez entendu chanter cet air dans la salle de Toulouse !

OSCAR.

Madame a brillé à Toulouse ?

SAINT-YVES.

Oui, monsieur, j'y ai joué un certain rôle... Qu'est-ce que je dis ? j'en ai joué plus d'un ; j'ai tenu pendant trois ans, en chef, et sans partage, l'emploi des *Dugazon-corsets*.

DESTAILLIS.

Qu'est-ce que j'entends là ? Vous avez joué la comédie à Toulouse ?

SAINT-YVES.

Quelle ville, monsieur ! ancienne ville de parlement ; public sévère, mais connaisseur. J'étais son bijou, son enfant gâté ; on me passait tout. J'ai fait manquer plus de vingt spectacles pour des parties de plaisir. Je ne craignais rien, j'avais le maire dans la manche ; il était amoureux de moi.

TOUS.

C'est une horreur !

SAINT-YVES.

Vous l'auriez été comme lui, si vous m'aviez vu danser la cosaque.
(Il fait quelques pas en chantant *la Russe* : Tra, la, la, la.

DESTAILLIS et OSCAR.

C'est une indignité !

CORINNE.

Cette femme-là n'est pas de nos jours.

OSCAR.

Au contraire, cela me fait l'effet d'une contemporaine.

SAINT-YVES.

Hein ? qui m'a appelé contemporaine ?

OSCAR.

C'est moi.

SAINT-YVES.

Monsieur, vous m'insultez !

AIR du Maço

Ah ! grand Dieu ! quel affront !
Mais de l'injure qu'ils me font
Tous mes parents me vengeron
(A Varinville.)
Allons, défendez-moi,
Allons, c'est votre emploi,
Mon cher neveu, défendez-moi !

VARINVILLE, s'approchant de Saint-Yves, à demi-voix.

D'un pareil tour j'aurai vengeance.

SAINT-YVES, de même.

Maintenant ton rôle commence.
(Lui glissant un billet dans la main.)
Il est ici,
Tiens le voici.

TOUS.

Tout est rompu, tout est fini,
Non, plus d'hymen, tout est fini.

SAINT-YVES.

Oui, plus d'hymen, tout est fini !
Je dois me retirer d'ici.

(Il sort.)

SCÈNE XVIII.

Les mêmes, excepté Saint-Yves.

DESTAILLIS.

A la bonne heure ! qu'elle s'éloigne ! Plus de mariage, plus d'alliance avec une telle famille !

VARINVILLE.

Arrêtez, monsieur ; il y a ici quelque imposture, quelque trahison que je ne puis m'expliquer ; mais je renie la parenté, et cette personne-là n'est point ma tante.

DESTAILLIS.

Elle n'est point votre tante ?

CORINNE.

C'est peut-être son oncle !

TOUS.

Et qui donc est-elle ?

VARINVILLE.

Je n'en sais rien ; je ne comprends rien à sa conduite. Mais cette lettre qu'on vient de me glisser dans la main... cette lettre nous fera connaître...

TOUS.

Lisez vite.

VARINVILLE, jetant les yeux dessus.

Ah! mon Dieu! (Aux autres.) Permettez. (Pendant que Varinville lit sa lettre sur le devant de la scène à gauche, Destaillis et les autres sont restés au fond à droite. — Lisant bas :) « Tu m'as conseillé « d'enlever la maîtresse d'un ami. Cette maîtresse est Na- « thalie, et cet ami, c'est toi; je viens de l'apprendre... « Mais tu me pardonneras, car tu sais qu'en pareil cas il n'y « a que les imbéciles qui se fâchent... »

(Il fait un mouvement.)

TOUS.

Qu'avez-vous?

VARINVILLE.

Rien, je suis à vous. (Continuant la lecture de sa lettre.) « J'ai « suivi tes avis; suis les miens : fais le généreux, c'est un « beau rôle que je te laisse. Sinon, je suis là, à côté, je di- « rai tout; je parlerai du beau Dunois. » (S'arrêtant.) Il suffit.

DESTAILLIS, se levant.

Qu'est-ce donc?

VARINVILLE.

Une aventure inconcevable. Je disais bien que ce n'était pas ma tante. Il y avait si longtemps que je ne l'avais vue, qu'il était facile de s'y méprendre; et, prévenu de son ar- rivée, un ami, un rival s'est présenté à sa place.

DESTAILLIS.

Un rival!

Mlle JUDITH.

Qu'est-ce que j'apprends là?

VARINVILLE.

Ne vous fâchez pas, cela me regarde, (Avec emphase.) et je les punirai, les ingrats, en m'immolant pour eux, en faisant leur bonheur; car il aime Nathalie, il en est aimé.

DESTAILLIS.

Sans l'aveu des parents!

VARINVILLE.

Ni celui du futur. Et cet amant préféré, ce rival, cet ami, le voici.

SCÈNE XIX.

Les mêmes; SAINT-YVES, en costume de jeune homme.

NATHALIE.

M. de Saint-Yves !

TOUS.

Que vois-je ?

VARINVILLE.

Oui, mes ex-parents, je vous présente M. de Saint-Yves, jeune homme d'une excellente famille, d'une naissance non équivoque; vingt-cinq mille livres de rente, et je renonce en sa faveur à des droits que vous ne refuserez point de lui transmettre. (Bas, à Saint-Yves.) Ma famille est-elle contente ?

SAINT-YVES, bas.

De toi, mon cher, je n'attendais pas moins. (Haut.) Et si M. Destaillis, si ces aimables dames veulent me permettre de réparer ce que ma présentation a eu d'inconvenant, j'espère, quand elles me connaîtront mieux...

DESTAILLIS.

C'était donc une comédie ?

SAINT-YVES.

Vous êtes trop bon de donner ce nom à un petit proverbe sans conséquence.

OSCAR.

Un proverbe!

VARINVILLE, à Oscar.

Dans le genre des vôtres.

OSCAR.

J'entends... un proverbe de famille.

VAUDEVILLE.

AIR de *Démocrite.* (ROMAGNÉSI.)

Mlle JUDITH.

On dit, et depuis bien longtemps,
Que les hommes sont tous parents.
A voir leurs débats et leurs guerres,
On ne croirait pas qu'ils sont frères.
Mais un seul point le prouverait :
Dès que parle leur intérêt,
Noble ou vilain, que l'on mendie ou brille,
C'est toujours, toujours de la même famille ;
Ils sont tous de la même famille !

DESTAILLIS.

On ne boit jamais à son gré,
Tant l'homme est toujours altéré :
Sans vin l'ouvrier ne peut vivre !
D'or et d'honneurs le grand s'enivre ;
Versez du vin, versez de l'or,
Tous les deux vous diront : « Encor. »
Depuis le Louvre, et jusqu'à la Courtille,
C'est toujours, toujours de la même famille ;
Ils sont tous de la même famille.

VARINVILLE.

Puissions-nous voir, un beau matin,
Les peuples, se donnant la main,
Ne former qu'une chaîne immense,
De Saint-Pétersbourg à Byzance...

Et par un accord général,
Qui gagne même en Portugal,
Et du Portugal jusque dans la Castille,
Ne plus faire tous qu'une même famille,
Ne former qu'une seule famille!

SAINT-YVES.

Dans tout pays, de tout côté,
Que de liens de parenté!
Les guérillas et les corsaires,
Les cosaques, les gens d'affaires,
Les budgets et les percepteurs,
Les conquérants, les fournisseurs,
Que l'un dise : « Prends! » que l'autre dise : « Pille!... »
C'est toujours, toujours de la même famille;
Ils sont tous de la même famille!

NATHALIE.

L'auteur dans ce moment fatal
Attend l'arrêt du tribunal.
Rappelez-vous, juges sévères,
Que tous les hommes sont des frères;
Ou du moins, Messieurs, que vos mains
Prouvent ici qu'ils sont cousins!
Entre parents que l'indulgence brille,
Que ce soir, Messieurs, tout se passe en famille,
Que ce soir tout se passe en famille!

LES
ACTIONNAIRES

COMÉDIE-VAUDEVILLE EN UN ACTE

EN SOCIÉTÉ AVEC M. BAYARD.

THÉATRE DE S. A. R. MADAME. — 22 Octobre 1829.

PERSONNAGES.	ACTEURS.
PIFFART, spéculateur .... MM.	Perlet.
GUSTAVE, son cousin, jeune avocat. . . .	Allan.
LABOURDINIÈRE, son compère.	Firmin.
M. DE KERNONEK, propriétaire	Klein.
TREMBLIN,	Brienne.
HARDY,	Chalbos.
GRIFORT, actionnaires.	Bordier.
CLAIRÉNET,	Gabriel.
DESPERTHES,	Dupuis.
ESTELLE, fille de M. de Kernonek. . . . . Mmes	Élisa Forgeot.
Mme DESPERRIERS, sœur de M. de Kernonek	Julienne.

Plusieurs Actionnaires. — Deux Domestiques de Piffart.

A Paris, dans l'appartement de Piffart.

LES
ACTIONNAIRES

Un appartement richement décoré. Porte au fond. A gauche de l'acteur, et sur le deuxième plan, la porte du cabinet de Piffart. Du même côté, et sur le devant, une table couverte de cartons et de papiers.

SCÈNE PREMIÈRE.

PIFFART, un carnet à la main, assis auprès de la table.

Passif, soixante mille francs ; actif, rien. — Frais premiers de l'entreprise, deux cent quarante mille francs. Total : trois cent mille francs. — Qui de rien paie cent mille écus, reste... C'est bien, l'opération est bonne ; quoi qu'il arrive, mon capital est le même, et je retombe toujours sur mes pieds.

AIR : On dit que je suis sans malice. (*Le Bouffe et le Tailleur.*)

Je n'ai plus rien, mon coffre est vide...
Loin qu'un tel aspect m'intimide,
Pour s'enrichir nul n'est, je croi,

En meilleure passe que moi.
La fortune est une infidèle ;
Et pour atteindre cette belle...
Si courir est le bon moyen,
On court bien mieux quand on n'a rien.

(Un domestique en riche livrée entre.)

Qu'est-ce ?

LE DOMESTIQUE.

M. Gustave de Rennes.

PIFFART.

Qu'il entre !

(Le domestique introduit Gustave, et sort.)

SCÈNE II.

GUSTAVE, PIFFART.

PIFFART.

C'est Gustave, mon cousin !

GUSTAVE.

Mon cher Piffart, tu me reconnais ?

PIFFART.

Comment te trouves-tu à Paris ?

GUSTAVE.

Je suis arrivé hier de Rennes.

PIFFART.

Notre pays.

« A tous les cœurs bien nés..... »

La plus vilaine ville que je connaisse... Et nos chers

compatriotes, têtus, querelleurs, mauvaises langues. C'est égal, le souvenir de la patrie... Je vois que tu as fait comme moi, tu n'as pas pu y rester.

GUSTAVE.

Je viens pour affaires.

PIFFART.

Et ta première visite est pour ta famille?

GUSTAVE.

Non vraiment; j'ignorais ton adresse, que je comptais demander ce matin à ton ancienne administration, et c'est par erreur que je t'embrasse.

PIFFART.

O nature!... N'importe.

GUSTAVE.

Je devrais être ici depuis huit jours; mais j'ai été arrêté à Angers, ce qui me contrarie; car chargé par un M. de Kernonck, un client à moi, de remettre une lettre à sa sœur, madame Desperriers, place Vendôme...

PIFFART.

C'est ma propriétaire; celle qui m'a cédé son appartement, et qui habite maintenant le second.

GUSTAVE.

Superbe vestibule, escalier magnifique. Je monte au premier, je sonne, je me crois chez un ministre; on me dit que je suis chez M. Piffart. — « M. Piffart de Rennes? — Oui, monsieur. — Qui l'année dernière était commis aux douanes, à cinquante louis? — Oui, monsieur. — C'est mon cousin. » Et dis-moi, comment cela t'est-il arrivé?

PIFFART.

Un matin, en lisant le journal, une idée heureuse... Sans rien avoir, j'ai réuni quelques centaines de mille francs, l'argent des autres ; et, comme cela se pratique, il m'en est resté quelque chose.

GUSTAVE.

Je t'en fais compliment ; et pour un crésus tel que toi, ce que je t'apporte va te paraître bien misérable.

PIFFART.

Qu'est-ce donc ?

GUSTAVE.

Ce que tu m'as prêté si généreusement, il y a trois ans, en quittant le pays ; ces six mille francs.

PIFFART, avec joie.

Six mille francs ! ma foi, cousin, je les avais oubliés. (A part.) Et ils viendront à point. (Haut.) A moins que cela ne te gêne.

GUSTAVE.

Non, mon ami ; je suis avocat ; je commence à plaider. Pendant ces trois années, j'ai travaillé jour et nuit pour acquitter cette dette. Depuis, j'ai fait un petit héritage, une dixaine de mille francs, que prudemment je viens placer à Paris, sur le Grand-livre.

PIFFART.

Vraiment ! Te voilà donc à la tête de cinq cents livres de rente.

GUSTAVE.

Eh mon Dieu ! cousin, je n'ai pas d'ambition ; aussi, je te jure bien que si ce n'était que cela, je me trouverais trop heureux ; mais il s'en faut.

PIFFART.

Que veux-tu dire ?

GUSTAVE.

Que le découragement s'est emparé de moi, et que la vie m'est insupportable.

PIFFART.

A ton âge, à vingt-cinq ans! Est-ce que par hasard tu serais amoureux?

GUSTAVE.

Justement! et de la plus riche héritière de Bretagne.

PIFFART.

Rien que cela?

GUSTAVE.

La fille de M. de Kernonek, que pendant deux ans, à Rennes, j'ai vue presque tous les jours; car, grâce au ciel, son père avait des procès; mais, par malheur, je les ai tous gagnés. Depuis un mois, Estelle est ici à Paris, chez madame Desperriers, sa tante. Son père doit venir la rejoindre pour l'établir, pour la marier, que sais-je? à quelque banquier, quelque grand capitaliste; car, plus il est riche, plus il veut le devenir.

PIFFART.

C'est toujours comme cela.

GUSTAVE.

Ils sont tous de même; aussi, j'ai pris la richesse en haine, je la déteste.

PIFFART.

Serment d'amoureux!

AIR : J'en guette un petit de mon âge. (Les Scythes et les Amazones.)

Au lieu d'accuser la richesse,
Tâche, mon cher, de la mettre en défaut.
Pour cela, poursuis-la sans cesse,
Sois courageux, entêté, s'il le faut.
La fortune qu'on sollicite

Est souvent comme la beauté,
Qui donne à l'importunité
Ce qu'elle refuse au mérite.

GUSTAVE.

Pour l'importuner, encore faut-il la rencontrer ; et le moyen ?

PIFFART.

Ne suis-je pas là ?

GUSTAVE.

Il serait vrai ! tu voudrais bien me guider, te charger de mon sort ?

PIFFART.

Qui servirait-on, si ce n'est sa famille ? et toi, cousin, qui étais jadis mon ami, mon camarade...

GUSTAVE, lui prenant la main.

Tu es donc toujours comme autrefois ? je craignais que la fortune ne t'eût changé. Eh bien, mon ami, si tu peux m'avancer de quoi m'établir, de quoi acheter une charge honorable ; deux cent mille francs...

PIFFART.

N'est-ce que cela ? une misère ! tu les auras.

GUSTAVE.

Quoi ! tu pourrais me les prêter ?

PIFFART.

Je ne dis pas cela ; car avec toi, je puis parler à cœur ouvert. J'ai dans ce moment des millions en perspective ; mais pour de l'argent en secrétaire, excepté les six mille francs que tu m'apportes là, je ne crois pas qu'il y ait d'autres capitaux dans la maison.

GUSTAVE.

Mais ce logement magnifique, ce superbe mobilier ?...

PIFFART.

Tout cela se doit, mon ami. Tous les gens d'affaires commencent par là. Il n'y a pas d'autre moyen d'attirer la confiance; elle ne monterait jamais à un cinquième étage, mais elle fait volontiers antichambre au premier; et voilà où j'en suis. Je me suis lancé, il y a six mois, dans une entreprise audacieuse que j'ai conçue et exécutée avec mon imagination, mon activité, et les capitaux de mes amis. J'ai doublé leurs fonds, et gagné pour ma part soixante mille francs.

GUSTAVE.

Soixante mille francs!

PIFFART.

Tout autant; aussi je mène à Paris un train de prince : hôtel, place Vendôme, huit chevaux dans mon écurie, vingt amis dans ma salle à manger, loge à l'Opéra, et tout ce qui s'ensuit. J'étais adoré, mon cher; c'était fort amusant. Par malheur, je me suis aperçu, il y a quelques jours, que j'en étais à mon dernier billet de mille francs.

GUSTAVE.

Mais comment vas-tu faire à présent?

PIFFART.

Le tout est de recommencer sur nouveaux frais, et j'ai prévenu par-dessous main mes capitalistes, mes bailleurs de fonds, que je méditais une opération bien plus brillante encore que la première, opération qui exigeait le plus grand secret, et où je n'admettrais que mes amis intimes. Aussitôt tout le monde arrive, rien ne donne confiance comme un premier succès; et j'ai déjà plus de demandes qu'il ne m'en faut. Eh bien! mon ami, mon cher Gustave, je te donne une part dans l'entreprise; je t'y associe.

GUSTAVE.

Moi qui n'ai rien?

PIFFART.

Tu y mettras toujours autant de fonds que moi, et pour te donner un titre brillant et solide, l'administration, réunie en ma personne, te nomme caissier.

GUSTAVE.

Moi! et comment remplir de telles fonctions?

PIFFART.

Ce n'est pas difficile, dans ce moment surtout, tu n'as rien à faire... mais bientôt, je l'espère...

GUSTAVE.

C'est donc une opération...

PIFFART.

Superbe; elles le sont toutes.

GUSTAVE.

Et quelle est-elle?

PIFFART, avec embarras.

Mon opération?...

GUSTAVE.

Oui.

UN DOMESTIQUE, annonçant.

Madame Desperriers, et mademoiselle Estelle.

GUSTAVE.

Qu'entends-je! c'est elle.

PIFFART.

Eh bien! qu'as-tu donc?

SCÈNE III.

Les mêmes; Mme DESPERRIERS, ESTELLE.

PIFFART.

Mes belles et aimables voisines, qui me procure une pareille visite?... André, des sièges.

Mme DESPERRIERS.

Non, je ne m'asseois pas; mes chevaux sont mis, nous allons sortir. Quand on fait ses affaires soi-même, et qu'on est lancé dans vingt entreprises... Je n'ai qu'un mot à vous dire; et c'est pour cela qu'en descendant j'ai voulu...

ESTELLE, levant les yeux, et apercevant Gustave qui la salue.

Ah! mon Dieu!

Mme DESPERRIERS, l'apercevant aussi.

M. Gustave, ce jeune avocat de Rennes que j'ai eu l'honneur d'y voir l'année dernière... Comment vous trouvez-vous en ce pays? comment se porte mon frère? nous arrive-t-il bientôt?

ESTELLE.

Nous apportez-vous de ses nouvelles?

GUSTAVE.

Oui, mademoiselle, oui, madame; j'allais me présenter chez vous; mais retenu ici par un ami...

PIFFART.

Par un parent.

Mme DESPERRIERS, à Piffart.

Monsieur est votre parent? Je ne croyais pas que sa famille fût aussi riche.

ESTELLE, avec joie.

Ni moi non plus.

GUSTAVE.

Mais vous sortiez, je ne veux point vous retenir. Voici une lettre dont j'étais chargé, et qui vous serait parvenue huit jours plus tôt...

PIFFART.

Si on l'avait mise à la poste. C'est toujours comme cela; c'est l'avantage des occasions et des exprès.

Mme DESPERRIERS, qui pendant ce temps a lu la lettre, à Estelle.

Ton père m'écrit, il y a huit jours, qu'il sera à Paris à la fin de la semaine.

ESTELLE.

Vraiment !

Mme DESPERRIERS.

Et qu'il vient décidément s'y établir.

ESTELLE.

Ah ! mon Dieu !

Mme DESPERRIERS.

J'en étais sûre, quelle folie ! Lui, un campagnard, abandonner sa terre, son château, une exploitation magnifique qu'il veut vendre, pour faire comme moi, pour briller ici, pour m'y éclipser ! Mon frère a toujours été jaloux de moi.

ESTELLE.

Ah ! ma tante, quelle idée !

Mme DESPERRIERS.

Oui, ma chère enfant, c'est là son véritable motif; ton mariage n'est que le prétexte.

GUSTAVE, troublé.

Un mariage !

Mme DESPERRIERS.

Oui, il va falloir l'établir. Mais je me flatte qu'on me consultera ; car une tante à succession a voix délibérative. (Regardant la montre qu'elle porte à son cou.) Ah! mon Dieu! une heure! il faut que je me rende chez mon homme d'affaires, chez mon agent de change. On nous promet une baisse pour aujourd'hui; je veux en profiter. (Elle fait un pas pour sortir ; mais elle revient, et s'adressant à Piffart qui passe auprès d'elle.) Et le but de ma visite, j'oubliais... l'appartement du rez-de-chaussée est vacant ces jours-ci; et comme vous vous plaigniez dernièrement de n'avoir point de place pour les bureaux que vous voulez créer...

PIFFART.

Il est vrai, et j'accepte avec grand plaisir... combien?

Mme DESPERRIERS.

Air du vaudeville du Printemps.

Mais je le louais, tout compris,
Douze mille francs par année.

PIFFART.

C'est bien... peu m'importe le prix,
C'est une affaire terminée.

Mme DESPERRIERS.

Les six mois d'avance, en entrant,
C'est l'usage.

PIFFART.

Il est des plus sages.

Mme DESPERRIERS.

Non pas que je tienne à l'argent.

PIFFART.

Mais madame tient aux usages.

Vous dites : six mois d'avance; c'est six mille francs;

mon caissier va vous les donner. Gustave, payez madame.

Mme DESPERRIERS.

Comment, monsieur est votre caissier?

PIFFART.

Mieux que cela, un de mes associés dans ma nouvelle opération.

ESTELLE.

Il serait possible!

Mme DESPERRIERS.

M. Gustave que je connais si sage, si prudent, qui même dans les affaires de mon frère n'osait rien risquer! Il faut donc que l'entreprise offre des avantages si évidents...

PIFFART.

J'ose m'en flatter.

Mme DESPERRIERS.

Et j'ai, à ce sujet, des reproches à vous faire. Vous savez que j'ai des fonds, des capitaux que je fais valoir : et vous ne me dites rien; vous êtes d'une discrétion...

PIFFART.

Nécessaire au succès; et puis l'affaire peut offrir des chances.

Mme DESPERRIERS.

Aucune, j'en suis sûre, et ce sera comme votre dernière, tout bénéfice.

PIFFART.

Je le crois; aussi je veux bien m'y exposer; mais exposer les autres! à moins que ce ne soit des amis intimes; et puis toutes nos actions, qui n'étaient que de deux mille francs, sont déjà retenues.

Mme DESPERRIERS.

Sont-elles livrées?

PIFFART.

Pas encore, puisque l'assemblée préparatoire n'a pas même eu lieu.

Mᵐᵉ DESPERRIERS.

Eh bien ! il m'en faut; j'en veux, je l'exige, dussiez-vous m'en donner des vôtres ! sinon, nous nous fâcherons; j'en prends vingt-cinq. D'autres les ont retenues, moi je les paie. Monsieur votre caissier peut garder les deux mille écus. (En ce moment Gustave passe auprès d'Estelle et se trouve placé entre elle et Piffart.) Et dans une heure, vous aurez le surplus, les quarante-quatre mille francs qui restent, et que je vais dire à mon agent de change de vous envoyer.

PIFFART.

Si vous le voulez absolument, je vais préparer la quittance.

Mᵐᵉ DESPERRIERS.

A la bonne heure !

PIFFART.

Et, à votre retour, nous causerons de l'affaire avec nos actionnaires.

Mᵐᵉ DESPERRIERS.

Adieu, monsieur; adieu, mon cher caissier.

AIR de la valse de *Robin des bois*.

Souvent nous nous verrons, j'espère.

PIFFART.

Toujours, car il loge avec moi.

ESTELLE.

Monsieur est aussi locataire ?

PIFFART.

Il le faut bien; par son emploi...

C'est trop juste.

GUSTAVE, à part.

J'y crois à peine!

PIFFART.

Parfois un caissier peut partir
Au moment où sa caisse est pleine,
Jamais quand elle va s'emplir.

Ensemble.

PIFFART.

Souvent vous le verrez, j'espère,
Dès ce jour il loge avec moi;
Oui, près de votre locataire
Il est fixé par son emploi.

GUSTAVE.

Souvent je vous verrai, j'espère.
Madame, quel bonheur pour moi
Que, près de votre locataire,
Je sois fixé par mon emploi!...

Mme DESPERRIERS et ESTELLE.

Souvent nous nous verrons, j'espère,
Puisque dès aujourd'hui je voi
Que près de notre locataire
Vous allez remplir un emploi.

(Piffart donne la main à madame Desperriers, Gustave à Estelle, et ils les reconduisent jusqu'à la porte.)

SCÈNE IV.

GUSTAVE, PIFFART.

GUSTAVE.

Je n'en reviens pas; je suis encore tout étourdi, et je ne sais seulement pas où nous allons.

PIFFART.

C'est que tu n'as ni l'habitude ni le génie des affaires. Voilà comme on les mène. Cette fois cependant cela va plus vite que je n'aurais voulu; car je n'étais pas encore en mesure; mais n'importe, le sort en est jeté, ce n'est pas moi qui reculerai.

GUSTAVE.

Moi, ton caissier! moi, demeurer ici, sous le même toit qu'Estelle! je crains que ce ne soit un rêve. Dis-moi donc, si tu as assez de confiance en moi, quelle est cette nouvelle conception de ton génie, cette bienheureuse spéculation qui doit faire ta fortune et la mienne?

PIFFART, regardant autour de lui.

Personne ne peut nous entendre. Je t'avouerai franchement que c'est là mon seul embarras; je ne sais pas encore quelle entreprise j'entreprendrai.

GUSTAVE.

Il serait possible!

PIFFART.

Je cherche depuis huit jours; je n'ai encore rien de décidé, rien d'arrêté; il est si difficile de trouver du neuf!

GUSTAVE.

Tu as perdu la tête!

PIFFART.

Non, vraiment.

GUSTAVE.

Comment s'associer à une entreprise qu'on ne connaît point?

PIFFART.

On la connaîtra, dès que je l'aurai trouvée. Je ne force personne; je joue cartes sur table; et puisqu'il faut ici te faire ton éducation financière, apprends que toutes les opérations du monde se réduisent à deux mots : *acheter* et *vendre*. Vous achetez bon marché, vous vendez très-cher, voilà le secret du commerce.

GUSTAVE.

Et payer?

PIFFART.

Payer! si tu t'inquiètes de cela, tu ne feras jamais rien; le génie crée, invente; mais il ne paie pas, cela ne le regarde pas; il y a des gens pour cela.

GUSTAVE.

Et qui donc?

PIFFART.

Des contribuables... Matière imposable et corvéable à volonté, et que de nos jours on appelle *actionnaires*.

GUSTAVE.

Que dis-tu?

PIFFART.

Sans avoir un écu j'achète demain un terrain, un théâtre, une rue, un passage, tout un quartier. Il s'agit de payer; tu emprunterais, toi?

GUSTAVE.

Sans doute.

PIFFART.

Erreur; tu demanderais de l'argent, personne ne t'en donnerait; tu crées des actions, et de tous les coins de Paris on accourt, on se dispute, on se les arrache, on t'offre de l'or, on te presse d'accepter; ne l'as-tu pas vu tout à l'heure encore?

GUSTAVE.

Quoi! exposer leur fortune sans d'autres motifs, sans raison!

PIFFART.

Y a-t-il de la raison autour d'une table de jeu? et cependant on y court.

GUSTAVE.

Mais toi qui parles, ne t'exposes-tu pas au même danger? ne peux-tu pas comme eux être victime?

PIFFART.

Sans contredit...

AIR : A soixante ans, on ne doit pas remettre. (*Le Dîner de Madelon.*)

> En s'élevant, je sais qu'on dégringole.
>   La roche Tarpéienne, hélas!
> Est, on l'a dit, bien près du Capitole.
> Un tel danger ne m'arrêtera pas.
> Que terre à terre un commençant culbute,
> Chacun insulte à son obscur malheur;
> Moi, je saurai tomber avec honneur.
> Si dans Paris on estime la chute,
>   C'est en raison de la hauteur!

Car vois-tu, mon ami Gustave, on s'habitue bien vite à l'opulence, et maintenant que depuis quelques mois j'ai essayé de la fortune, je ne saurais plus être pauvre. J'aime l'argent, il m'en faut, j'en veux, non pour thésauriser, mais pour le semer, pour le dépenser. Sans cela autant ne pas vivre! Aussi, j'y suis décidé. Je parviendrai, j'en ai le pressentiment. Cet or que l'on me confie doublera entre mes mains; je ferai leur fortune et la mienne.

GUSTAVE.

Et si tu perds tout?

PIFFART, souriant.

Crois-tu que je n'y aie pas pensé, et que je n'aie pas calculé cette chance-là?

GUSTAVE.

Eh bien ! qu'est-ce que tu feras ?

PIFFART.

Je me brûlerai la cervelle, et nos actionnaires n'auront rien à dire. J'y aurai perdu... pas grand'chose, il est vrai, mais enfin autant qu'eux. Du reste, cousin, je n'entends pas t'entraîner dans ma ruine. Je t'associe à ma fortune, s'il y en a ; mais je me réserve les dangers ; et quoi qu'il arrive, tu ne risques rien, que de t'enrichir.

GUSTAVE.

Je ne veux point d'un pareil partage.

PIFFART.

Aimes-tu mieux végéter toute la vie ? perdre ta maîtresse, la voir au pouvoir d'un autre ?

GUSTAVE.

Plutôt mourir !

PIFFART.

Eh bien ! alors, n'abandonne point un parent qui t'aime, qui veut faire ton bonheur, et à qui tu peux rendre service.

GUSTAVE.

Que dis-tu ?

PIFFART.

Eh ! sans doute, un caissier honnête homme n'est pas déjà si commun ; je comptais sur toi pour veiller à mes intérêts, pour les défendre, pour m'aider de tes conseils ; mais le péril t'effraie ; tu refuses.

GUSTAVE.

Jamais !

AIR de Lantara.

Ami, ce mot seul me décide,

Tout ce que j'ai, je le livre en tes mains.
Je suis tes pas... deviens mon guide,
Je m'abandonne à tes destins.

PIFFART.

Je te réponds d'avance des destins.
Vers la fortune avec toi je m'élance;
Toujours unis, dans nos efforts heureux,
Nous saurons bien emporter la balance :
On pèse double alors que l'on est deux!

Mais je ne souffrirai pas que tu exposes ton avoir.

GUSTAVE.

Je le veux.

PIFFART.

Et moi, je ne le veux pas ; tu es un ami, tu n'es pas un actionnaire... Silence! on vient.

SCÈNE V.

Les mêmes; LABOURDINIÈRE.

LABOURDINIÈRE.

Tout va bien, mon cher patron, et je vous annonce de bonnes nouvelles; mais pardon, vous êtes en affaires.

(Il se retire à l'écart.)

GUSTAVE, à demi-voix.

Quel est ce monsieur?

PIFFART, de même, le prenant à l'écart.

Un courtier d'affaires que je mets toujours en avant; un coureur, un compère; il y en a en finances comme en tout autre chose; actif, dévoué, prêt à tout, car il n'a rien, et me croit très-riche ; du reste un homme dans mon genre, un homme d'esprit ; mais d'un esprit secondaire.

GUSTAVE, de même.

Je comprends.

PIFFART.

Approchez, mon cher Labourdinière ; vous pouvez parler sans crainte devant M. Gustave, (A demi-voix) un grand capitaliste, qui est mon ami, mon caissier, et mon associé.

LABOURDINIÈRE, saluant, et d'un ton caressant.

Monsieur, je vous fais compliment. Depuis que je suis dans les affaires, je ne crois pas en avoir vu dont les chances fussent plus évidemment productives, dont les chances...

PIFFART, l'interrompant.

C'est bien, c'est bien, gardez cela pour d'autres, il sait ce qu'il en est.

LABOURDINIÈRE, changeant de ton.

C'est différent ; j'ai vu tout notre monde ; et d'après les bruits habilement répandus dans le public : « qu'il se prépare en secret une opération magnifique, une opération étourdissante, peut-être même un emprunt, » ils veulent tous souscrire ; moi, je réponds les choses d'usage : « Il n'y a plus d'actions ; c'est bien difficile. »

PIFFART.

C'est ce qu'il faut dire.

LABOURDINIÈRE.

Mais vu qu'ils m'offrent un droit de courtage honorable, j'ai déjà promis à chacun d'eux en particulier les vingt-cinq dernières qui restaient, et j'en ai placé ainsi trois cents, dont voici les acquéreurs. (Il donne un papier à Piffart.) Mais je vous préviens que les principaux d'entre eux veulent, avant de livrer leurs fonds, causer avec vous de l'affaire, et examiner les chances.

GUSTAVE.

C'est trop juste.

LABOURDINIÈRE.

Et je leur ai donné rendez-vous aujourd'hui, ici, à trois heures.

PIFFART.

Diable! il n'y a pas de temps à perdre; il faut prendre un parti. Voyons, mes amis, qu'allons-nous leur proposer, et à quelle entreprise nous arrêtons-nous définitivement? (A Gustave.) En as-tu une?

GUSTAVE.

Et où veux-tu que je l'aie trouvée?

LABOURDINIÈRE.

Avec des capitaux comme les vôtres, messieurs, on n'a que l'embarras du choix. Cette entreprise hydraulique dont vous me parliez hier, pour faire arriver de l'eau dans toutes les maisons de Paris?

PIFFART.

Détestable! c'est utile, et voilà tout; les frais prélevés, il y a tout au plus cent mille francs à gagner; cela n'en vaut pas la peine.

LABOURDINIÈRE.

Il est vrai, nous ne ferions là que de l'eau claire. Un projet tout opposé... Si nous nous lancions dans les boues de Paris?

PIFFART.

Dans la boue, il y a tant de concurrence! nous ne nous en retirerions pas, et je veux aller vite, dussions-nous verser.

LABOURDINIERE.

J'ai votre affaire.

AIR du *Petit marmot.*

De peur de concurrence,
Sur la place je lance
Un *Omnibus* immense
Où l'on tiendra cinq cents.

PIFFART, riant.

D'honneur, rien ne lui coûte,
Et pour le mettre en route
Est-il moyen ?

GUSTAVE.

Sans doute,
Avec des éléphants,
Attelage commode !

LABOURDINIÈRE.

Et puis c'est à la mode.

GUSTAVE.

Pour remplir à la ronde
Voiture aussi profonde,
Il faudrait trop de gens.

LABOURDINIÈRE.

Dans Paris, en tout temps,
On trouve du monde
A mettre dedans.

Et si cette matière-là ne vous plaît pas, j'en ai une autre. Si nous achetions tous les théâtres de Paris ; ils ont tous mis écriteau : Public à vendre ou à louer, pour le terme prochain, y compris les acteurs, les machines et l'administration. On entrera en jouissance quand on pourra.

PIFFART.

Eh ! non, non, cent fois non ; nos actionnaires ne se

paieront pas en chansons; et je voudrais au moins quelque chose qui eût le sens commun. Il y a, autour de Paris, des terrains immenses, et presque stériles, qu'on aurait à si bon compte!

LABOURDINIÈRE.

La plaine des Sablons, par exemple.

PIFFART, rêvant.

Sans doute, si l'on pouvait y créer...

GUSTAVE.

Des villages?

LABOURDINIÈRE.

Détestable; il y en a déjà autour de Paris, une vingtaine qui ne font rien, et qui se ruinent à attendre des villageois.

PIFFART.

Non, point cela; mais des prairies magnifiques, des tapis de verdure qui s'étendraient jusqu'aux bords de la Seine; cela vaudrait bien mieux.

GUSTAVE.

Certainement. Mais le moyen de changer la plaine des Sablons en herbages de la Normandie?

PIFFART, vivement.

Le moyen! je le tiens; un moyen neuf, original, qu'on n'a pas encore employé, qu'on connaît à peine, et qui, par cela même, leur paraîtra admirable, un moyen, en un mot, où ils ne verront que du feu.

GUSTAVE.

Et quel est-il donc?

PIFFART.

Les puits artésiens. J'en établis une trentaine à six mille francs, j'inonde la plaine, j'établis des digues, des canaux, et je transporte la Hollande aux portes de Paris.

LABOURDINIÈRE.

Superbe! admirable! il a le génie des affaires.

PIFFART, s'échauffant.

Quels gras pâturages! quels immenses troupeaux!

LABOURDINIÈRE.

Je les entends d'ici avec leurs clochettes.

PIFFART, s'animant toujours.

Nous construisons des étables; nous établissons des laiteries; nous gagnons cent pour cent sur les bestiaux, dont nous approvisionnons la capitale...

LABOURDINIÈRE.

Nous avons le monopole du bifteck et des côtelettes. Nous fournissons Paris de rostbeef et de lait, du lait délicieux.

PIFFART.

Dont nous pouvons toujours augmenter le produit.

LABOURDINIÈRE.

Grâce aux puits artésiens.

PIFFART.

Voilà notre affaire.

LABOURDINIÈRE.

Nous la tenons.

PIFFART.

Et nous sommes sauvés. Viennent, maintenant, messieurs les actionnaires, nous les attendons de pied ferme.

GUSTAVE.

Un instant, votre imagination va si vite, que j'ai peine à vous suivre, et je n'y connais rien.

PIFFART.

C'est ce qu'il faut; vite le prospectus, et l'acte de société... Mettez-vous là, Labourdinière, (Labourdinière s'assied devant la table et se dispose à écrire.) et écrivez, en grosses let-

tres : « Entreprise générale des prairies et herbages de la
« plaine des Sablons, par le moyen des puits artésiens. »

GUSTAVE.

Mais, mon ami...

PIFFART.

Laisse-nous donc, tu n'entends rien à ça.

LABOURDINIÈRE.

C'est fait.

PIFFART.

« Titre premier. — Chapitre premier. De l'administra-
« tion. — Ne voulant point grever la société d'une foule
« d'employés inutiles, l'administration se composera seule-
« ment d'un directeur-gérant, d'un caissier, d'un secrétaire,
« et de dix employés. »

LABOURDINIÈRE.

C'est le strict nécessaire.

PIFFART.

« Chapitre deux. Le directeur-gérant... » c'est moi...
« aura trente mille francs d'appointements, payables par
« douzième de mois en mois. »

LABOURDINIÈRE.

C'est bien.

GUSTAVE.

Et qui les paiera ?

PIFFART.

Les actionnaires. Dès qu'il y a société, la société paie.
(Continuant à dicter.) « Le caissier... » (A Gustave) c'est toi...
« aura quinze mille francs payables comme il est dit. »

GUSTAVE.

AIR du vaudeville des Scythes et les Amazones.

Y pensez-vous ?

PIFFART.

C'est l'usage et la forme,
Et c'est toujours de même en pareil cas.

GUSTAVE, à Piffart.

Mais songe donc, mon ami, c'est énorme!

PIFFART.

Cela, mon cher, ne te regarde pas.
La compagnie estimable et prospère,
Sur qui ton cœur semble s'apitoyer,
N'a-t-elle pas sa caisse?... pourquoi faire?

GUSTAVE.

Pour recevoir.

PIFFART.

Eh! du tout... pour payer.

Tu n'es pas encore au fait; laisse-nous tranquilles. (Continuant à dicter.) « Les dix employés, qui feront toute la be-
« sogne, auront mille deux cent francs chacun. »

LABOURDINIÈRE.

C'est beaucoup.

GUSTAVE.

C'est bien peu.

PIFFART, gravement.

Mon ami, il faut de l'économie, surtout dans les commencements.

LABOURDINIÈRE.

Quel administrateur! (A Piffart.) Mais vous oubliez le secrétaire.

PIFFART.

C'est juste. (Dictant.) « Le secrétaire... »

LABOURDINIÈRE, à part.

C'est moi.

PIFFART.

« N'aura rien. »

LABOURDINIÈRE.

Comment ? rien !

PIFFART, dictant.

« Il sera choisi parmi les actionnaires et renouvelé à
« chaque séance ; il tiendra la plume, et dressera procès-
« verbal de tout, pour que la société soit bien au fait, et
« sache la première comment son argent se dépense. »

LABOURDINIÈRE.

Il est impossible de rien voir de plus loyal ; mais moi,
M. Piffart ?

PIFFART.

Plus tard, on songera à vous. (Continuant.) « Titre deux.
« — Du fonds social. — Le fonds social se compose de
« trois millions. »

GUSTAVE.

Trois millions !

PIFFART.

Oui, mon ami ; tout autant.

GUSTAVE.

Et qui les fournira ?

PIFFART.

Belle demande !... les actionnaires ; c'est leur état ; c'est
pour cela qu'on les appelle.

LABOURDINIÈRE.

Sans cela on se passerait d'eux.

PIFFART, dictant.

« Il sera créé quinze cents actions de deux mille francs
« chacune... » (A Labourdinière.) que vous diviserez selon

l'usage : mille actions réelles, cinq cents *fictives* ou *rémunératoires*.

LABOURDINIÈRE.

Oui, monsieur.

PIFFART, continuant.

« Sur ces dernières, trois cents que la société abandonne « au directeur-gérant, et deux cents au caissier. »

GUSTAVE.

Et à quel titre ?

PIFFART.

C'est l'usage, ce n'est pas la société qui te les donne, c'est moi, moi, qui dirige, qui mène tout, qui réponds de tout... L'actionnaire paie, il est vrai, c'est le plus beau de ses droits ; mais il ne peut perdre que ce qu'il a : moi je peux perdre ce que je n'ai pas ; c'est bien différent, et on me doit pour cela une récompense ; c'est l'usage.

GUSTAVE.

Qui diable s'y reconnaîtrait ?... (Vivement.) Ah ! mon Dieu !

PIFFART.

Qu'as-tu donc ?

GUSTAVE, à demi-voix et pendant que Labourdinière écrit toujours.

Voilà toute ton affaire basée sur les puits artésiens.

PIFFART.

Idée profonde, s'il en fut jamais. Vois la gare de Saint-Ouen ; je me mets en rapport avec les inventeurs, des gens du plus grand mérite, qui découvrent de l'eau partout.

GUSTAVE.

Excepté où il n'y en a point ; et s'ils déclarent qu'on ne peut point établir de puits artésiens dans la plaine des Sablons ?

PIFFART.

C'est, ma foi, vrai. Ah! mon Dieu! tais-toi! J'ai tant de choses dans la tête que je n'avais pas pensé à celle-là. Va les consulter, informe-toi, examine, et rends-moi réponse avant l'assemblée. Je rentre dans mon cabinet, où j'achèverai de rédiger l'acte de société.

(Il s'approche de la table, Labourdinière lui remet les papiers qu'il vient d'écrire.)

LABOURDINIÈRE.

Et moi, monsieur, vous n'avez pas fini ce qui me regarde.

PIFFART.

C'est vrai. Pour vous récompenser de vos soins, sur les trois cents actions qui me reviennent, il y en a vingt que je vous abandonne.

LABOURDINIÈRE.

Ah! monsieur!

PIFFART.

Mais elles ne vous seront délivrées que quand toutes les autres seront prises et placées : seul moyen de vous intéresser au succès de l'affaire.

LABOURDINIÈRE, à part.

Ce diable de M. Piffart entend joliment la sienne.

GUSTAVE.

AIR du vaudeville des Gascons.

Je pars, je m'informe et reviens,
 Ami fidèle,
 Crois à mon zèle,
A l'instant même je reviens;
Tous tes intérêts sont les miens.
Sur ces puits, sans être abusé,
Je vais connaître tout à l'heure
 La vérité.

PIFFART.

C'est bien aisé,
Car on prétend qu'elle y demeure ;
C'est en un puits qu'elle demeure.

Ensemble.

GUSTAVE.

Je pars, je m'informe, et reviens ;
Ami fidèle,
Crois à mon zèle,
A l'instant même je reviens ;
Tous tes intérêts sont les miens.

PIFFART.

Pour t'informer, pars et reviens,
Et que ton zèle
Me soit fidèle ;
Pour t'informer, pars et reviens,
Tous nos intérêts sont les tiens.

LABOURDINIÈRE.

Du courage, tout ira bien ;
Grâce à mon zèle,
Toujours fidèle.
Du courage, tout ira bien,
Et votre intérêt est le mien.

(Piffart sort par la porte à droite, et Gustave par le fond.)

SCÈNE VI.

LABOURDINIÈRE, seul.

Homme de tête, homme capable ; cela se conçoit ! il est si riche !... Moi qui n'ai rien, je ne peux avoir du génie qu'à la suite ; mais patience, mon tour viendra. Il s'agit seulement d'avoir le pied dans l'étrier, c'est-à-dire de pousser,

par tous les moyens possibles, à la vente de nos actions...
Qui vient là?

SCÈNE VII.

LABOURDINIÈRE, DE KERNONEK.

LABOURDINIÈRE.

Que demande monsieur?

DE KERNONEK.

Qui je demande? la maîtresse de la maison, ma sœur, madame Desperriers.

LABOURDINIÈRE.

Monsieur est le frère de la propriétaire, madame Desperriers, cette aimable capitaliste, que j'ai rencontrée tout à l'heure en venant.

DE KERNONEK.

Elle est sortie?

LABOURDINIÈRE.

Elle était dans sa voiture avec une jeune personne.

DE KERNONEK.

Ma fille; il n'y aura personne à mon arrivée; comme c'est aimable! (S'asseyant.) Allons, j'attendrai.

LABOURDINIÈRE.

Comme vous voudrez... mais je dois vous prévenir que madame Desperriers ne demeure plus ici. (De Kernonek qui s'était assis se lève.) Elle a pris l'appartement du second, et a cédé le premier à M. Piffart, le célèbre M. Piffart, que vous connaissez sans doute.

DE KERNONEK.

Non, monsieur, je viens de la Bretagne.

LABOURDINIÈRE.

C'est donc cela.

DE KERNONEK.

Est-ce que ma sœur aurait diminué son train de maison?

LABOURDINIÈRE.

Non, monsieur, au contraire, lancée comme elle l'est dans les plus brillantes opérations...

DE KERNONEK.

Elle est heureuse! tout lui réussit. J'ai peut-être le double de sa fortune... eh bien! ma sœur a trouvé le moyen de m'éclipser, de briller à Paris, tandis que je végète en province.

LABOURDINIÈRE.

Végéter! vous êtes bien modeste.

DE KERNONEK.

C'est le mot; qui est-ce qui sait que M. de Kernonek est propriétaire de six mille arpents de bois en Bretagne? personne, excepté le percepteur des contributions, qui encore n'a pas plus d'égards pour moi que pour un membre du petit collège.

LABOURDINIÈRE.

Il serait vrai!

DE KERNONEK.

C'est comme je vous le dis, c'est une horreur; aussi, je ne peux pas rester au pays. Il faut que je vende mes propriétés, si je peux en venir à bout, et que je trouve ici quelque moyen d'employer honorablement mes capitaux...

LABOURDINIÈRE.

Il y a tant d'occasions...

DE KERNONEK.

Lesquelles?

LABOURDINIÈRE.

Tenez, sans aller plus loin, ce M. Piffart, dont je vous parlais tout à l'heure, et qui jouit d'une renommée européenne... il était comme vous, il avait des fonds, de la fortune, et par-dessus le marché, il voulait de la gloire, de la considération. Il a attaché son nom à quelques entreprises colossales; une, entre autres, qu'il commence en ce moment, et où n'est pas admis qui veut.

DE KERNONEK.

Et laquelle?

LABOURDINIÈRE.

Ce n'est pas mon affaire; cela ne me regarde pas; mais d'après ce que j'ai entendu dire, cela va faire un bruit dans Paris... sans compter que lui et les principaux actionnaires en retireront des bénéfices immenses; mais ce n'est pas là ce qui vous touche, vous n'y tenez pas.

DE KERNONEK.

Pourquoi donc? quand cela se rencontre. Et vous dites que cette entreprise...

SCÈNE VIII.

LES MÊMES; Mme DESPERRIERS, ESTELLE.

AIR : C'est moi, c'est moi. (Léocadie.)

Ensemble.

Mme DESPERRIERS.
C'est lui, c'est lui, c'est lui!
Mon frère est ici!
Mon cœur

Ignorait ce bonheur.
Oui, c'est lui, oui, c'est lui !
Près de nous le voici !

ESTELLE.

C'est lui, c'est lui, c'est lui!
Mon père est ici.
Mon cœur, etc.

DE KERNONEK.

Ma sœur, ma fille ici,
Eh quoi! vous ici!
Mon cœur, etc.

DE KERNONEK, d'un air distrait.

Bonjour, bonjour, ma sœur; ma chère enfant, je suis enchanté de vous voir; j'arrive à l'instant, et vais monter chez vous ; mais je suis ici à causer d'affaires.

(Il passe auprès de Labourdinière.)

Mme DESPERRIERS.

Déjà?

DE KERNONEK.

Oui, une affaire importante, sur laquelle je voudrais avoir des renseignements; l'entreprise de M. Piffart.

Mme DESPERRIERS.

Comment! à peine arrivé, vous en avez déjà entendu parler!... Il paraît que c'est excellent.

LABOURDINIÈRE.

Admirable. Une entreprise par des puits artésiens.

Mme DESPERRIERS.

Ah! c'est cela! je ne le savais pas; mais c'est égal, j'en suis; j'y ai pris des actions.

DE KERNONEK.

Vous, des actions?

Mme DESPERRIERS.

Certainement; j'en ai vingt-cinq.

DE KERNONEK.

Il est dit que ma sœur me préviendra en tout!

AIR du vaudeville de *Oui ou Non*.

Toujours elle arrive avant moi.
Ce fut toujours sa destinée :
Même en naissant... oui, sur ma foi,
Je suis cadet... elle est l'aînée,
Je l'ai regretté bien des fois.

Mme DESPERRIERS.

Ah! si c'est là ce qui vous blesse,
Je vous céderais tous mes droits
Pour n'avoir pas le droit d'aînesse!

DE KERNONEK.

Par malheur, cela ne se peut pas; mais ici c'est différent, et pour l'emporter au moins une fois en ma vie, je prends quarante actions.

LABOURDINIÈRE.

C'est bien.

DE KERNONEK.

Et nous verrons!

Mme DESPERRIERS.

Vous les prenez, c'est facile à dire; il faut qu'il y en ait, et j'en doute.

DE KERNONEK.

Eh bien! ma chère sœur, on les paiera un peu plus cher, et voilà tout.

LABOURDINIÈRE, à part.

A merveille, voilà qu'elles montent déjà... (Haut.) Eh! tenez, tenez, voici M. le directeur-gérant.

(Il rentre dans le cabinet de Piffart.)

SCÈNE IX.

Mme DESPERRIERS, ESTELLE, DE KERNONEK, PIFFART.

Mme DESPERRIERS.

Arrivez, mon cher voisin, voici monsieur qui prétend avoir des actions.

PIFFART.

Impossible, monsieur, il n'y en a plus, et à moins que vous ne trouviez quelque actionnaire qui veuille revendre...

Mme DESPERRIERS.

Ce n'est pas moi.

DE KERNONEK.

C'est désolant!

Mme DESPERRIERS, d'un air triomphant.

J'en étais sûre, et vous voyez bien, mon cher frère...

PIFFART.

Comment! c'est monsieur votre frère, M. de Kernonek, ce riche propriétaire de Bretagne?

DE KERNONEK.

Oui, monsieur. (A part.) En voilà un qui est aimable, il me connaît.

PIFFART, passant auprès de M. de Kernonek.

C'est différent. La compagnie n'a plus d'actions, il est vrai; mais moi, j'en ai quelques-unes à moi appartenant par l'acte de société, et je serai trop heureux de faire quelque chose pour le frère de madame Desperriers.

DE KERNONEK, s'inclinant.

Monsieur, croyez que ma reconnaissance... Je prends quarante actions.

Mme DESPERRIERS, à Piffart.

Ah! çà, monsieur, c'est donc vraiment une affaire?...
(Un domestique entre dans ce moment : il remet une lettre à Piffart.)

PIFFART.

Voulez-vous bien permettre? (A part.) C'est de Gustave. (Lisant, à part.) « J'ai pris tous les renseignements nécessaires, « impossible d'établir des puits artésiens dans la plaine des « Sablons... » (S'arrêtant.) Ah! mon Dieu! (Continuant.) « Tu « verras par la note ci-jointe pour quelle raison, *et cætera.* » (Il froisse avec dépit la lettre entre ses mains et dit à part.) Me voilà dans un bel embarras! (A M. de Kernonek en affectant un air riant.) Vous dites donc que vous prenez quarante actions?

DE KERNONEK, appuyant avec intention.

Oui, monsieur; oui, ma chère sœur, quarante, et j'en prendrais davantage, si j'avais des fonds disponibles, si je pouvais vendre ma belle propriété de La Guichardière; des bois immenses, monsieur, qui valent deux millions, et dont je ne peux trouver à me défaire pour moitié.

Mme DESPERRIERS.

Je le crois bien, au fond de la Bretagne, au milieu des terres, à dix lieues des grandes routes, aucun débouché, vos coupes de bois vous restent sur les bras.

DE KERNONEK.

C'est faux... (A part.) Ils pourrissent sur place.

Mme DESPERRIERS.

Demandez à vos voisins qui sont dans le même cas. Tout est en vente chez mon notaire, personne n'en veut.

DE KERNONEK, furieux.

Ma sœur, c'est une indignité; et je vous prie de ne point déprécier ma propriété.

Mme DESPERRIERS.

Où est le mal? personne ici ne veut l'acheter.

PIFFART, vivement, et comme frappé d'une idée.

Peut-être. (Se reprenant.) Je cherche du moins quelque chose dans ce genre-là.

DE KERNONEK, avec joie.

Là!... (A madame Desperriers.) Vous voyez, madame!...

PIFFART.

Soyez tranquille, je n'abuserai point de ce que je viens d'apprendre. (A part.) Il n'y a que ce moyen-là de me sauver. (Haut.) Vous dites que cela vaut deux millions?

DE KERNONEK.

D'après l'expertise que j'ai sur moi, et les impositions que je paie en conséquence.

PIFFART.

Peu importe; ce qui me paraît prouvé, c'est que vous ne pouvez en trouver que la moitié. Eh bien! moi, qui suis rond en affaires, et qui paie toujours comptant, madame vous le dira.... (A part.) Allons, de l'audace, il n'en coûte pas davantage. (Haut.) Je vous en offre six cent mille francs.

DE KERNONEK, avec joie, et à part.

Six cent mille francs! (Haut.) Monsieur, quelque envie que j'aie de conclure, je ne peux pas à moins de sept cent mille francs.

PIFFART.

J'ai fait mon prix. C'est à prendre ou à laisser.

DE KERNONEK.

J'entends à merveille; mais je tiens aux sept cent mille francs. Une partie de cette somme doit servir à la dot de ma fille.

PIFFART.

De mademoiselle votre fille, mademoiselle Estelle ; c'est différent. Il y aurait moyen de tout concilier ; car je vous ai dit que j'étais accommodant. J'ai un ami... un associé, qui ne vous est point étranger... M. Gustave de Rennes, un jeune homme charmant.

ESTELLE.

M. Gustave ?

PIFFART.

Je vois que nous sommes en pays de connaissance. Oui, monsieur, c'est mon parent, mon protégé. (A demi-voix.) Et j'irai avec vous aux sept cent mille francs, peut-être même plus loin, si nous pouvons nous entendre à ce sujet.

DE KERNONEK.

Que dites-vous ?

PIFFART.

Passons dans mon cabinet ; et comme cela regarde aussi madame Desperriers, j'espère qu'elle voudra bien nous accompagner. (A Estelle.) Je n'ose inviter mademoiselle à cette grave conférence, les gens d'affaires sont si ennuyeux ! mais j'espère qu'elle voudra bien nous attendre ici. (Bas à Labourdinière qui vient de rentrer, et qui se trouve à sa droite.) Cours rassembler nos actionnaires ; dis-leur que je les attends. (A part.) Arrivera ce qu'il pourra... A la grâce de Dieu ! (Labourdinière sort. — A M. de Kernonek, lui montrant le cabinet.) Monsieur... (Offrant la main à madame Desperriers.) Belle dame...

AIR de la valse des Comédiens.

TOUS.

Ah ! quel bonheur ! à peine il en existe
De comparable à celui que je sens !

DE KERNONEK, bas à Estelle.

J'ai mis dedans ce grand capitaliste ;

J'aurais vendu pour cinq cent mille francs.

Mme DESPERRIERS.

Tout, je le vois, réussit à mon frère.

PIFFART.

Ah! je le tiens.

DE KERNONEK.

C'est un double bonheur.
Je fais d'abord une excellente affaire,
Et puis je peux faire enrager ma sœur!

Ensemble.

DE KERNONEK.

Ah! quel bonheur! à peine il en existe
De comparable à celui que je sens;
J'ai mis dedans le grand capitaliste...
J'aurais vendu pour cinq cent mille francs.

PIFFART.

Ah! quel bonheur! à peine il en existe
De comparable à celui que je sens;
Lorsqu'en espoir on est capitaliste...
Regarde-t-on à deux cent mille francs!

Mme DESPERRIERS.

Ah! quel dépit! à peine il en existe
De comparable à celui que je sens;
Quel homme heureux! quel grand capitaliste!
Donner ainsi les sept cent mille francs!

ESTELLE.

Ah! quel bonheur! à peine il en existe
De comparable à celui que je sens;
J'aime déjà ce grand capitaliste...
J'aurai ma part des sept cent mille francs.

(Piffart, M. de Kernonek et madame Desperriers entrent dans le cabinet de Piffart.)

SCÈNE X.

ESTELLE, puis GUSTAVE.

ESTELLE.

Quel bonheur! quel bonheur! et quel honnête homme que ce M. Piffart! (Apercevant Gustave.) Ah! monsieur Gustave, vous voilà.

GUSTAVE.

Oui, mademoiselle... Qu'avez-vous donc? quelle joie brille dans vos yeux?

ESTELLE.

Jugez si j'ai raison d'être contente : mon père vient enfin de vendre sa terre de Bretagne sept cent mille francs.

GUSTAVE.

Je lui en fais compliment.

ESTELLE.

Et à moi aussi, je vous en prie, car cet argent-là doit servir en partie à ma dot.

GUSTAVE.

Il paraît qu'il est déjà question de votre mariage.

ESTELLE.

Oui, monsieur, et de mon mari aussi.

GUSTAVE.

Et vous pouvez m'annoncer une pareille nouvelle avec joie!

ESTELLE.

Bien plus, j'espère que vous la partagerez.

GUSTAVE.

Moi!

ESTELLE.

Oui, monsieur, sous peine d'être ingrat.

AIR de Bouton de rose.

Je me marie,
Et si mon cœur en est ravi,
C'est que ce jour-là, je parie,
Vous, monsieur, vous direz aussi :
Je me marie.

GUSTAVE.

Que dites-vous?

ESTELLE.

Que cela vous regarde autant que moi ; car il y a un homme immensément riche, un grand capitaliste, qui vous aime, vous protège, qui s'intéresse à notre mariage.

GUSTAVE.

Pas possible!

ESTELLE.

Il nous fait cadeau de cent mille francs, et peut-être même de davantage.

GUSTAVE.

A moi?

ESTELLE.

Oui, monsieur. C'est bien comme s'il vous les donnait.

GUSTAVE.

Et quel est cet être généreux, ce dieu tutélaire?

ESTELLE.

Vous êtes chez lui.

GUSTAVE.

Piffart?

ESTELLE.

Lui-même! ce financier, ce millionnaire. Ah! qu'il a raison d'avoir tant de fortune, puisqu'il en fait un si bon usage!

GUSTAVE, se promenant avec agitation.

Que le diable l'emporte!

ESTELLE.

Qu'est-ce que cela signifie? parler ainsi de votre parent, de votre bienfaiteur, un homme si aimable!

GUSTAVE.

Je ne dis pas que ce ne soit pas un bon parent, un bon garçon; je lui accorde tout ce que vous voudrez, excepté de l'argent, car il n'en a pas plus que moi.

ESTELLE.

Laissez donc! lui qui est à la tête d'une affaire superbe, où mon père a pris des actions.

GUSTAVE.

Que dites-vous?

ESTELLE.

Et ma tante aussi, toute la famille.

GUSTAVE, à part.

Les malheureux!

ESTELLE.

Lui qui vient d'acheter comptant la belle terre de la Guichardière.

GUSTAVE.

O ciel! celui à qui votre père a vendu...

ESTELLE.

C'est M. Piffart.

GUSTAVE.

Il a le diable au corps ; il faut l'en empêcher.

ESTELLE.

Je m'en garderais bien ; mon père est enchanté ; c'est une affaire superbe.

GUSTAVE.

C'est sa ruine. Il ne sera pas payé, je vous l'atteste.

ESTELLE.

Que me dites-vous ?

GUSTAVE.

Pardon... c'est faire du tort à un ami ! c'est ruiner toutes mes espérances ; mais vos intérêts avant tout. Prévenez votre père qu'il rompe le contrat ; et quant à cette entreprise, j'ai pris des informations auprès d'honnêtes gens, des gens habiles : elle n'est pas possible.

ESTELLE.

Oh mon Dieu ! que m'apprenez-vous ?

GUSTAVE.

Je détruis vos rêves de fortune.

ESTELLE.

Ah ! ce ne sont pas ceux-là que je regrette le plus.

GUSTAVE.

Estelle ! il serait vrai !

ESTELLE.

On vient ; on sort de ce cabinet. Je cours là-haut près de ma tante, près de mon père. Je profiterai pour eux de vos généreux avis. Adieu, monsieur Gustave, adieu.

(Elle sort par le fond.)

SCÈNE XI.

GUSTAVE, puis PIFFART

GUSTAVE.

Ah! malheureux que je suis!

PIFFART.

A merveille, voilà ce que j'appelle une affaire terminée. C'est toi, Gustave; j'ai fait bien des choses depuis que je t'ai vu; j'ai acheté une terre magnifique.

GUSTAVE.

Il est donc vrai, cette terre de M. de Kernonek?...

PIFFART.

Ah! tu le sais déjà? les bonnes nouvelles se répandent vite. Eh bien! mon ami, ce n'est rien encore; j'achète en même temps tous les biens environnants. Je viens d'envoyer pour cela chez le notaire chargé de la vente.

GUSTAVE.

Y penses-tu?

PIFFART.

Pendant que j'y étais... et puis l'amour de la propriété me gagne. Vois-tu, mon ami, les chances de l'agiotage sont trop incertaines; il n'y a de solide que les biens-fonds.

GUSTAVE, à part.

Il a perdu la tête, c'est sûr.

PIFFART.

Par exemple, cela me coûte un peu cher. La Guichardière à elle seule me revient à sept cent mille francs, dont cinquante mille francs payables comptant aujourd'hui même.

GUSTAVE.

O ciel!

PIFFART.

M. de Kernonek l'a voulu; et c'est toi qui es cause de cela.

GUSTAVE.

Moi!

PIFFART.

Oui, il veut être en argent comptant pour le mariage de sa fille.

GUSTAVE.

Que veux-tu dire?

PIFFART.

Que je t'ai marié, que tout est arrangé. De plus je te dote; je te donne deux cent mille livres comptant, dès ce soir.

GUSTAVE.

Et où les prendras-tu?

PIFFART.

Je t'en réponds, car maintenant mon affaire est sûre; ce n'est pas celle de ce matin.

AIR du vaudeville de *la Chanson*.

Mon cher ami, c'en est une,
Où, tout en croisant les bras,
Nous devons faire fortune;
Et toi-même en conviendras,
Dès que tu la connaîtras.
Tout bénéfice... et d'avance
Déjà je l'éprouve ici...
Puisque tu vois qu'elle commen
Par le bonheur d'un ami!

GUSTAVE, à part.

Grand Dieu!

PIFFART, avec chaleur.

Oui, cousin, je viens de changer à la hâte l'acte de société. J'ai vu Labourdinière à qui j'ai donné mes nouvelles instructions; car cet imbécile avait déjà parlé à vingt personnes de la plaine des Sablons, et j'ai en bas cinq expéditionnaires à qui j'ai donné de la besogne. En affaires il faut de l'activité. D'un autre côté, la liste des souscripteurs augmente; j'ai neuf cents actions demandées et promises. Il s'agit maintenant de décider nos gens à les prendre et à les payer.

GUSTAVE.

Peux-tu l'espérer encore?

PIFFART.

Plus que jamais! J'attends nos principaux actionnaires, et grâce à cette acquisition qui doublera leur confiance, tout doit maintenant nous réussir.

GUSTAVE.

C'est ce qui te trompe; on t'a trahi.

PIFFART.

Et qui donc?

GUSTAVE.

Un malheureux qui, n'écoutant que son amour, s'est rendu indigne de ton amitié.

PIFFART.

Y penses-tu?... Silence!

SCÈNE XII.

Les mêmes; DE KERNONEK.

DE KERNONEK, d'un air ému.

Je suis enchanté, monsieur, de vous trouver encore ici.

PIFFART.

Vous me trouverez toujours à vos ordres.

DE KERNONEK.

En ce cas, monsieur, je vous prie de me rendre ce papier qui ne signifie rien.

PIFFART.

Que voulez-vous dire ?

DE KERNONEK.

Qu'il ne faut pas croire, parce qu'on vient de province, parce qu'on est gentilhomme breton, qu'on se laissera duper comme un Limousin.

PIFFART, avec fierté.

Monsieur...

DE KERNONEK.

Je sais tout; j'ai tout appris. Vous avez acheté ma terre sans avoir un sou pour la payer.

PIFFART.

Qui a osé vous dire ?...

DE KERNONEK.

Ma fille elle-même, qui le tenait d'une personne qu'elle n'a pas voulu me nommer; mais cette personne vous connaît certainement.

PIFFART, bas et d'un ton de reproche, prenant la main de Gustave.

Ah! Gustave! pendant que je travaillais pour toi!

GUSTAVE, à part, détournant la tête.

C'est fait de moi.

PIFFART, froidement, et se retournant vers M. de Kernonek.

Vous vous destinez aux affaires, monsieur... Je me permettrai, malgré votre âge, de vous donner un conseil, c'est de ne pas traiter aussi légèrement ni les hommes, ni les choses. L'affaire est terminée, vous le savez bien.

DE KERNONEK.

Oui, mais comme le contrat n'est pas encore signé...

PIFFART.

Il y a sous seing privé, ce qui revient au même.

DE KERNONEK.

Eh bien! monsieur, puisque vous ne voulez pas rompre ce marché, vous aurez la bonté d'en remplir les conditions. Il est dit que, sur les sept cent mille francs, vous m'en paierez cinquante sur-le-champ.

GUSTAVE, à part.

O ciel!

DE KERNONEK.

Il me les faut à l'instant même, ou je vous attaque en résiliation d'un marché frauduleux.

PIFFART, froidement.

Monsieur, il suffit, je vais vous les donner.

DE KERNONEK, étonné.

Que dites-vous?

PIFFART, à Gustave.

Mon caissier... qu'avez-vous là en portefeuille?

GUSTAVE.

Moi !... ces six mille francs à vous.

PIFFART, les prenant.

Donnez-les-moi... c'est bien. (Les remettant à Kernonek.) Voici d'abord six mille francs. Pour le reste, vous allez l'avoir à l'instant.

DE KERNONEK, étonné.

Il serait possible !

PIFFART.

Le temps d'envoyer à ma caisse.

GUSTAVE, à demi-voix.

Comment faire ?

PIFFART, de même.

Ils y sont. Madame Desperriers les a envoyés. (Haut.) Holà ! quelqu'un.

SCÈNE XIII.

Les mêmes ; Mme DESPERRIERS.

GUSTAVE, à part.

Ciel ! madame Desperriers.

Mme DESPERRIERS, froidement.

Pardon, mon frère, je vous dérange peut-être ; mais j'ai à parler à monsieur en particulier.

PIFFART, à M. de Kernonek.

Monsieur veut-il bien permettre, et attendre jusque-là ?

DE KERNONEK, se retirant.

Comment donc? (A part.) Est-ce que ma fille se serait trompée?

Mme DESPERRIERS, bas à Piffart et l'amenant au bord du théâtre.

D'après ce que ma nièce vient de m'apprendre, monsieur, vous vous doutez bien que je renonce à mes actions.

PIFFART, à part.

Grand Dieu!

Mme DESPERRIERS.

Et comme heureusement vous ne les avez pas encore délivrées, je vous prie de vouloir bien me remettre les quarante-quatre mille francs que mon agent de change vient de vous donner sur votre reçu.

PIFFART.

Madame, j'ignore la cause d'une pareille défiance, d'un pareil procédé; mais vous êtes bien la maîtresse.

GUSTAVE, bas, à Piffart.

Je sens une sueur froide qui me saisit.

PIFFART, de même.

Et moi donc!... (Haut à madame Desperriers.) Puisque vous l'exigez, je vais à l'instant... Ciel! tous mes actionnaires.

SCÈNE XIV.

LES MÊMES; LABOURDINIÈRE, HARDY, TREMBLIN, GRIFORT, CLAIRÉNET, DESPERTHES, AUTRES ACTIONNAIRES, UN DOMESTIQUE.

AIR: Chantons gaîment la barcarolle.

LE CHOEUR.

Il s'agit d'une bonne affaire,

Il s'agit de nos intérêts;
En bons actionnaires
Nous accourons, nous sommes prêts.

(Pendant le chœur, deux domestiques placent la table au milieu du théâtre.)

PIFFART, seul sur le devant de la scène.

Cet imbécile, qui me les amène en ce moment!

(Après l'entrée, et pendant la scène qui se dit sur le devant du théâtre, les actionnaires se reconnaissent, vont les uns aux autres, se saluent, se donnent la main.)

PIFFART, après avoir salué tout le monde, s'approchant de M. de Kernonek et de madame Desperriers.

Pardon, monsieur, pardon, madame, voici un mauvais moment pour régler nos comptes; mais c'est égal... (Haut à un domestique.) André, voici la clef de mon secrétaire, vous trouverez des papiers et un portefeuille en maroquin rouge que vous m'apporterez.

GUSTAVE, bas à Piffart.

Que veux-tu faire?

PIFFART, de même.

Me défendre jusqu'à la dernière extrémité, et si le sort fait comme toi... s'il me trahit...

GUSTAVE, à part.

Grand Dieu!

LE DOMESTIQUE, s'approchant.

Vous dites un portefeuille rouge?

PIFFART, avec impatience.

Oui, à gauche, à côté d'une boîte en acajou, une boîte de pistolets. (Bas à Gustave.) Tu vois que j'ai le remède sous la main.

GUSTAVE, à demi-voix.

Et c'est moi qui serais cause... non, j'ai un moyen de te

sauver; c'est cinquante mille francs qu'il te faut; quand je devrais exposer tout ce que je possède... Dans une heure tu les auras, ou je te suivrai... tu peux y compter.

(Il sort.)

PIFFART.

Je ne compte que sur moi.

SCÈNE XV.

LES MÊMES; excepté Gustave, qui vient de sortir.

(Pendant l'a-parté de la scène précédente, des domestiques ont préparé des sièges autour de la table. M. de Kernonek, madame Desperriers et les autres actionnaires qui étaient en groupes, vont s'asseoir. On va se placer à droite et à gauche, de manière que tout le monde soit assis quand Piffart se trouve à son bureau. — Il y a de tous les côtés des conversations particulières, un chuchotement qui cesse quand Piffart commence à parler. (Chut! silence!) Le domestique, s'approchant de Piffart, lui présente le portefeuille et plusieurs papiers.)

PIFFART.

C'est bien... l'acte de société... les papiers relatifs... (Bas à Labourdinière, qui se trouve à sa droite.) Tu sais ce dont nous sommes convenus?

LABOURDINIÈRE, de même.

Oui, monsieur.

PIFFART.

A ton rôle.

LABOURDINIÈRE.

Il est là...

(Il va se placer sur le devant à droite.)

PIFFART, à de Kernonek et à madame Desperriers, leur montrant le portefeuille.

Aussitôt la séance terminée, nous réglerons ensemble ; faites-nous seulement l'honneur d'y assister, cela vous coûtera peu, et vous prouvera peut-être qu'on vous avait fait de faux rapports sur notre situation.

DE KERNONEK et Mme DESPERRIERS.

Volontiers.

(Ils prennent place chacun à l'extrémité du cercle, madame Desperriers à droite, M. de Kernonek à gauche. Labourdinière se place auprès de madame Desperriers, M. Tremblin est derrière elle ; Piffart va se mettre à la table qui est au milieu du théâtre ; à sa droite et à sa gauche sont les actionnaires rangés en demi-cercle, et sur plusieur rangs.)

PIFFART.

Messieurs, jamais les opérations commerciales et financières n'ont été hérissées de plus d'entraves et de plus de difficultés. Jamais plus de pièges n'ont été tendus aux capitalistes, plus d'appâts offerts à leur crédulité, plus de précipices ouverts sous leurs pas. Ce n'est donc qu'après avoir bien exploré au flambleau de l'expérience le point du départ, la route à parcourir, et surtout le but, que j'ose aujourd'hui, messieurs, vous rassembler chez moi, pour soumettre à vos lumières et à votre approbation une nouvelle entreprise.

Mme DESPERRIERS.

Qui, d'avance, est reconnue impraticable, je le sais.

(Un léger murmure qui augmente toujours et ne cesse que lorsque Crifort demande la parole.)

PIFFART.

Qui vous l'a dit ?

Mme DESPERRIERS.

Des gens qui s'y connaissent.

DE KERNONEK.

Et qui l'ont déclarée impossible.

TREMBLIN.

Permettez donc, messieurs, si c'est impossible, c'est bien différent.

HARDY, qui est à gauche derrière de Kernonek.

Qu'est-ce que cela fait ? il faut toujours voir.

TREMBLIN.

M. Hardy ne doute de rien.

HARDY.

Et M. Tremblin a toujours peur.

TREMBLIN.

Certainement ; j'ai peur de ne pas gagner assez.

CRIFORT, au fond et à droite, se levant et parlant très-haut.

Messieurs, je demande la parole.

PIFFART.

Je ferai observer à M. Crifort que je n'ai pas encore expliqué l'affaire.

CRIFORT.

C'est justement pour cela, quelle qu'elle soit et sans la connaître, que je soutiens que l'on doit écarter les projets dispendieux, les projets ruineux. Voyez, messieurs, à Londres, le chemin sous la Tamise, c'est superbe ; mais quelle dépense pour les actionnaires !

CLAIRÉNET, à gauche.

La dépense n'y fait rien.

HARDY.

M. Clairénet a raison.

CLAIRÉNET, se levant.

C'est le produit qu'il faut voir, le résultat avant tout.

Qu'est-ce qu'il nous en reviendra? et quel sera le dividende? Le dividende, messieurs, voilà le grand mot.

TOUS.

Oui, oui, le dividende.

DE KERNONEK.

Eh bien! vous n'en aurez pas; car, moi qui connais l'entreprise, je soutiens que dans les puits artésiens on s'enfoncera, et qu'il n'y a pas d'eau à boire.

(Un murmure qui dure jusqu'à ce que tout le monde se lève.)

TREMBLIN.

Ah! mon Dieu!

CRIFORT.

Il s'agit de puits artésiens... je ne donne pas là-dedans, et si je l'avais su, je n'aurais pas pris la peine de venir ; je retire ma souscription.

TOUS, se levant.

Moi aussi, je retire la mienne.

AIR : Non, non, je ne partirai pas.

LE CHOEUR.

Non, non, morbleu! je n'en veux point,
Je n'entendrai rien sur ce point.

PIFFART.

Ne jugez pas d'avance;
Un instant de silence !
Monsieur Crifort l'a pris si haut,
Qu'on n'entend rien.

TOUS.

C'est ce qu'il faut.
Non, non, morbleu ! je n'en veux point,
Je serai ferme sur ce point.

(Après le chœur, beaucoup de confusion ; on se mêle, on met son chapeau, on va sortir.)

PIFFART, criant au milieu du bruit.

Et moi, messieurs, je demande la parole.

CLAIRÉNET, qui est passé à la droite.

Silence! messieurs, il faut l'écouter; écoutons.

TOUS.

Oui, oui, écoutons.

(Chacun va s'asseoir, sans qu'il soit nécessaire que ce soit aux mêmes places. Crifort se trouve à gauche auprès de Hardy, Desperthes à gauche, et Clairénet à droite; on s'assied sans précipitation, lentement.)

PIFFART, avec chaleur.

On ne m'a pas même laissé développer l'entreprise que j'ai conçue, et déjà on la dénature, on la déprécie; je ne m'attendais pas à trouver ici des adversaires, des ennemis.

TOUS.

Oh! des ennemis.

PIFFART, vivement.

Oui, messieurs, des ennemis, tranchons le mot. Qui les a fait naître? les succès que j'ai obtenus, la fortune que j'ai déjà acquise. C'est un malheur, et je me résigne; mais je leur demanderai seulement comment ils peuvent critiquer d'avance un projet qu'ils ne connaissent même pas.

DESPERTHES, à gauche, auprès de M. de Kernonek.

Nous le connaissons.

TOUS.

Oui, oui, nous le connaissons.

DESPERTHES.

Il s'agit de convertir en prairie la plaine des Sablons.

CRIFORT, de sa place, à gauche.

On nous a tout raconté.

PIFFART.

Et qui donc?

CRIFORT.

Quelqu'un qui est dans votre intimité.

PIFFART.

Je vous défie de le nommer.

LABOURDINIÈRE, avec fierté et se levant.

Il est inutile de le demander, c'est moi, monsieur.

PIFFART.

Vous, monsieur, à qui, dans mes dernières opérations, j'ai fait gagner des sommes considérables ! vous que je devais croire mon ami !

LABOURDINIÈRE.

Votre ami! non, monsieur ; je rends justice à vos immenses talents administratifs, à cette haute connaissance des affaires qui vous rend si fier, et que je ne nie point ; je vous estime, en un mot, mais je ne vous aime point ; et quelque tort que puissent me faire votre crédit, vos liaisons, vos puissantes protections, nous ne sommes pas ici pour nous faire des compliments, nous y sommes pour défendre nos intérêts, notre argent.

CLAIRÉNET.

Il a raison.

TOUS.

Oui, il a raison.

HARDY.

Je pense comme lui.

TREMBLIN.

C'est un homme qui n'a pas peur.

DESPERTHES.

C'est un bon citoyen.

LABOURDINIÈRE.

Si l'affaire était bonn^e, je le dirais. Avant de la connaître, je la croyais telle; j'en ai parlé dans ce sens à plusieurs de ces messieurs, qui peuvent l'attester.

TOUS.

C'est vrai.

DE KERNONEK.

C'est très-vrai, à moi tout le premier.

LABOURDINIÈRE.

Mais depuis ce matin, je l'ai examinée, je l'ai approfondie, je la trouve mauvaise, je la trouve détestable, et je le dis; jamais les puits artésiens, qui, du reste, sont une admirable invention, ne pourront s'établir dans la plaine des Sablons.

(Murmure général.)

PIFFART.

Je vais répondre par un mot.

LABOURDINIÈRE.

Et moi, par des faits. (Montrant des papiers.) Voici l'avis unanime de la compagnie Flachat, car je ne marche qu'avec des preuves; lisez plutôt.

DESPERTHES.

C'est un actionnaire qui s'y entend.

TREMBLIN.

Et en qui on peut avoir confiance.

CLAIRÉNET, qui a lu le papier.

C'est évident, c'est décisif.

CRIFORT, à haute voix.

Il n'y a rien à répondre.

TOUS, se levant.

Rien à répondre.

PIFFART, criant encore plus haut.

Qu'un mot, messieurs, un seul mot; c'est qu'il ne s'agit

point ici de la plaine des Sablons, que je n'y ai jamais pensé, et que mon opération porte sur les forêts de la Bretagne.

TOUS.

Ah! comment!

DE KERNONEK et Mme DESPERRIERS.

Qu'est-ce que vous me dites là?

DESPERTHES.

C'est bien différent.

TREMBLIN.

Je ne savais pas cela.

HARDY.

Il faut voir.

TOUS.

Il faut voir.

CRIFORT.

Messieurs, silence! Il faut l'entendre.

PIFFART.

C'est ce que je demande depuis une heure.

CRIFORT.

Il fallait donc le dire!

(Tout le monde se rasseoit et fait silence.)

PIFFART.

Messieurs, vous savez, comme moi, à quel point ont renchéri les bois de construction et le bois de chauffage; pour ne parler que de ce dernier, et vous soumettre des chiffres qui soient à la portée de tout le monde... la voie de bois revient ici de trente-six à quarante francs; il y a des cantons en Bretagne où elle revient à cinq francs, et même à trois francs.

DE KERNONEK.

C'est vrai ; je suis du pays.

TREMBLIN, bas à madame Desperriers et à Labourdinière.

Ce monsieur qui dit toujours : *c'est vrai* a l'air de s'entendre avec lui.

LABOURDINIÈRE, de même.

C'est possible.

Mme DESPERRIERS, vivement.

Du tout, messieurs, c'est mon frère, un riche propriétaire de la Bretagne.

TREMBLIN.

Pardon, madame.

PIFFART.

Frappé de cette différence, qui pouvait amener d'immenses bénéfices, j'achetais depuis longtemps par-dessous main, et à très-bon compte, tout ce qui se trouvait à vendre dans ce pays : les domaines de Kerkado, de Kerkadek, de Versek, et de Lieusek...

DE KERNONEK.

Ah ! mon Dieu ! tous mes voisins.

PIFFART.

Propriétés inconnues, de plusieurs milliers d'arpents. Il me manquait un point central qui servît de base et de chef-lieu à mon exploitation, lorsque s'est présentée une occasion superbe que je me suis hâté de saisir ; une terre qui vaut plus de deux millions, la superbe propriété de la Guichardière vient d'être acquise par moi pour sept cent mille francs.

DE KERNONEK.

Dieu ! si je l'avais su !

18.

TOUS

Qu'est-ce donc?

DE KERNONEK.

C'est moi qui en étais propriétaire.

TOUS.

Vous, monsieur?

DE KERNONEK.

Eh oui, sans doute! C'est treize cent mille francs que je mets dans la poche de monsieur.

PIFFART.

Pardon, monsieur, je ne vous ai pas forcé de vendre. C'est vous qui me l'avez proposé, et qui même étiez satisfait du prix.

DE KERNONEK.

Parce que je ne me doutais pas qu'il y eût spéculation.

PIFFART.

Je n'étais pas obligé de vous le dire, et ce secret même, nécessaire à la réussite de mes projets, a donné naissance à mille bruits divers, induit en erreur plusieurs de ces messieurs, à commencer par M. de la Bourdinière qui se croit si fin et si habile.

TOUS.

Ah! ah! ah!

LABOURDINIÈRE, affectant la colère.

Monsieur!

TREMBLIN, à Labourdinière.

Il est de fait qu'il l'est plus que vous.

(Chuchotement des actionnaires, qui ont l'air de se moquer de Labourdinière.)

LABOURDINIÈRE.

Un instant, messieurs, un instant; il faut voir... Je ne

nie pas qu'au premier coup d'œil l'affaire ne paraisse magnifique et établie sur les bases les plus avantageuses ; mais cela ne suffit pas.

(Nouveau mouvement.)

TREMBLIN.

Il a raison, cela ne suffit pas.

DESPERTHES.

Il faut voir la fin.

CLAIRÉNET.

Le produit clair et net, ce que nous appelons le dividende.

TOUS.

Oui, oui, le dividende !

PIFFART.

Il ne me semble pas, messieurs, qu'il puisse être douteux. Voici d'abord les sous seings-privés qui établissent mes droits à ces propriétés, l'estimation de leur valeur par experts, par le produit des impôts. (Montrant les papiers qui sont sur la table.) Voyez, examinez, ainsi que les prospectus lithographiés qui y sont joints, et c'est comme acquéreur d'immeubles de plus de trois millions que je viens vous proposer de vous associer à mes bénéfices, que je vous appelle comme actionnaires de la société en commandite dont je suis le gérant, et qui a pour but l'achat et l'exploitation générale des forêts de la Bretagne.

CRIFORT.

Cela me paraît fort beau.

(Murmures de satisfaction.)

DESPERTHES, de même.

A moi aussi.

LABOURDINIÈRE.

Attendons encore.

HARDY, se levant.

Attendre, pour que d'autres s'emparent de l'affaire ? Qui ne risque rien n'a rien.

CRIFORT.

M. Hardy a raison.

HARDY.

En avant !

TREMBLIN.

Prenons garde !

DE KERNONEK, se levant.

Oui, messieurs, prenons garde ; car moi aussi je suis actionnaire. J'ai quarante actions, et de plus, comme ancien propriétaire, je connais le terrain. On vous a dit, messieurs, que la voie de bois, qui coûte à Paris quarante francs, ne revenait chez nous qu'à cent sous ou trois francs : c'est vrai ; mais pourquoi ?

TOUS.

Oui, pourquoi ?

DE KERNONEK.

C'est qu'il n'y a aucun débouché, aucun moyen de transport. La ville la plus proche est à huit ou dix lieues ; il faut donc consommer sur place ; et comme il y a chez nous plus de bûches que de consommateurs, on ne peut jamais tout brûler, et le bois est à rien.

TOUS.

Voilà.

PIFFART.

Parce qu'on ne sait pas l'utiliser, et c'est à quoi j'ai pensé d'abord. J'établis au centre de l'exploitation une fonderie en fer dont les produits seront immenses, vu le bon marché des combustibles et les besoins de la population.

CRIFORT.

Il a raison, c'est superbe!

HARDY.

C'est une affaire magnifique!

CLAIRÉNET.

Dans le genre du Creuzot.

LABOURDINIÈRE.

Cela ne paraît pas encore prouvé.

HARDY, se levant.

Parce que vous lui en voulez.

CRIFORT, de même.

Parce que vous êtes son ennemi, et que vous voulez nuire à la société.

TREMBLIN, de même.

Il y a toujours comme cela de faux frères.

TOUS.

C'est indigne!

LABOURDINIÈRE, criant.

Et les moyens de transport, puisqu'il n'y en a pas?

(Grand silence.)

PIFFART, à Labourdinière.

Comment, monsieur, que dites-vous?

LABOURDINIÈRE.

Les moyens de transport, puisqu'il n'y en a pas.

PIFFART, de même.

J'établis un chemin de fer qui ne nous coûtera rien, grâce à notre fonderie.

TOUS.

Il a raison.

HARDY.

Un chemin en fer; admirable!

CRIFORT.

C'est deux cents pour cent de bénéfice.

CLAIRÉNET.

Clair et net.

PIFFART.

Clair et net, année commune.

TOUS.

Année commune!

PIFFART.

Qu'avez-vous à répondre?

LABOURDINIÈRE.

C'est différent, je n'ai plus d'objections.

HARDY et TOUS LES AUTRES.

C'est bien heureux!

LABOURDINIÈRE.

Monsieur, mon suffrage ne sera pas suspect. Le projet, tel qu'il est maintenant, me paraît une très-belle conception, et la preuve, c'est que je demande mes actions.

TOUS.

Moi aussi.

AIR : Amis, le soleil va paraître. (*La Muette de Portici*.)

LE CHŒUR.

Avant qu'ailleurs le bruit ne s'en répande,
Dépêchons-nous, prenons des actions;
A cent pour cent il se peut qu'on les vende,
Nous pouvons tous gagner des millions.

HARDY.

Où les prend-on?

PIFFART.

C'est en bas, à ma caisse.

CRIFORT.

Vous le savez, j'en ai trente.

PIFFART.

Oui, j'entends.

CLAIRÉNET.

Moi cent.

DESPERTHES.

Deux cents.

LABOURDINIÈRE.

Moi, j'ai votre promesse, il m'en faut vingt.

Mme DESPERRIERS.

Que n'en ai-je trois cents!

LE CHOEUR.

Avant qu'ailleurs le bruit ne s'en répande,
Dépêchons-nous, prenons des actions ;
A cent pour cent, il se peut qu'on les vende,
Nous devons tous gagner des millions.

(Ils entrent tous, excepté madame Desperriers, dans le cabinet de Piffart, qui y entre avec eux. Après la sortie des actionnaires, deux domestiques emportent la table.)

SCÈNE XVI.

Mme DESPERRIERS, puis GUSTAVE.

Mme DESPERRIERS suivant Piffart.

Mes actions, monsieur ; je garde mes actions, je les veux.

(Revenant.) Laissons passer les plus pressés. Ce qui me fâche à présent c'est de n'en avoir que vingt-cinq, quand mon frère en a quarante; car dès demain, dès ce soir même elles vont monter... (Apercevant Gustave qui entre pâle, en désordre, et va se jeter dans un fauteuil.) Ah! notre jeune caissier. Il n'était pas à la séance. Si je pouvais... monsieur Gustave...

GUSTAVE.

Qui êtes-vous? Que voulez-vous?

Mme DESPERRIERS.

Ah! mon Dieu! comme il est pâle! Calmez-vous, c'est moi qui désirerais...

GUSTAVE, se levant.

Quoi! madame, vous!... (A part.) Ah! je n'ose lever les yeux.

Mme DESPERRIERS.

Vous avez deux cents actions rémunératoires ; je l'ai vu dans le prospectus ; il faut m'en vendre quelques-unes.

GUSTAVE, égaré.

Jamais. C'est impossible.

Mme DESPERRIERS.

Comment, pour la tante d'Estelle...

GUSTAVE, à part.

D'Estelle... Ah! malheureux!...

Mme DESPERRIERS.

Combien m'en cédez-vous?

GUSTAVE.

Non, madame, non, qu'il ne soit plus question de cela.

Mme DESPERRIERS.

Et pourquoi?

AIR du vaudeville de l'Écu de six francs.

GUSTAVE.

Vous êtes sans doute abusée,
C'est vous exposer, je le croi.

Mme DESPERRIERS.

Et si je veux être exposée !

GUSTAVE.

Il ne tient qu'à vous, sur ma foi ;
Mais ce ne sera pas par moi.

Mme DESPERRIERS.

Et quels scrupules sont les vôtres?

GUSTAVE.

C'est vous tromper.

Mme DESPERRIERS.

C'est mon désir.
Être trompée est un plaisir,
Surtout quand on le rend aux autres.

Et je revendrai à bénéfice... Mais je vois ce que c'est, vous voulez gagner dessus.

GUSTAVE.

Moi, madame !

Mme DESPERRIERS.

C'est tout naturel ; combien en voulez-vous? parlez...

GUSTAVE.

Je vous répète, madame, que je n'en veux rien, que je les garde, et que vous ne les aurez à aucun prix.

Mme DESPERRIERS.

A aucun prix... qu'est-ce que je disais? Il faut donc que ce soit monté à un taux...

SCÈNE XVII.

Les mêmes; LABOURDINIÈRE.

LABOURDINIÈRE, *paraissant à la porte.*

Eh bien! madame Desperriers, vos actions, vous y renoncez?

Mme DESPERRIERS.

Hein! qui est-ce qui vous a dit cela?

LABOURDINIÈRE.

Vous ne venez pas retirer vos coupons? et déjà tout le monde les veut; elles sont aux enchères.

Mme DESPERRIERS.

O ciel! mes actions! c'est une indignité... M. Gustave, je retiens toujours les vôtres, entendez-vous? Mais d'abord, je cours sauver les miennes.

LABOURDINIÈRE.

Nous n'avons pas une minute à perdre.

(Ils sortent.)

SCÈNE XVIII.

GUSTAVE, *se jette dans un fauteuil, absorbé dans ses réflexions.*

Qu'ai-je fait? où me suis-je laissé entraîner!

SCÈNE XIX.

GUSTAVE, PIFFART.

PIFFART, sortant de son cabinet.

Victoire! la fortune est sauvée, et l'honneur aussi.

GUSTAVE, se jetant dans ses bras.

Ah! mon ami!

PIFFART.

Eh bien! eh bien! qu'est-ce que cela veut donc dire?

GUSTAVE.

Pour te tirer d'embarras, j'avais joué.

PIFFART.

Moi aussi.

GUSTAVE.

J'ai perdu tout.

PIFFART.

Moi, j'ai gagné; tout le monde ne pouvait pas perdre; l'affaire est enlevée, toutes nos actions sont prises, elles sont payées, et qui plus est, par le plus grand des hasards, l'opération est superbe, elle est excellente, je t'en réponds.

GUSTAVE.

Il serait vrai!

PIFFART.

Il y en a tant de mauvaises! il faut bien que sur la quantité... Les actions gagnent déjà, il y a dans ma cour une banque, un agio, on dirait du temple de Plutus, ou du café Tortoni... Tiens, les entends-tu?

SCÈNE XX.

Les mêmes; DE KERNONEK, Mme DESPERRIERS, ESTELLE, tous les Actionnaires.

AIR : Amis, le soleil va paraître. (*La Muette de Portici.*)

LE CHOEUR.

Honneur à lui! que Plutus le bénisse!
Je vois déjà doubler nos actions.
J'ai cent pour cent déjà de bénéfice;
Quand vous voudrez, nous recommencerons.

Ensemble.

PIFFART.

Tu les entends... Que Plutus me bénisse!
Ils ont déjà doublé leurs actions...
J'ai cent pour cent pour moi de bénéfice;
Quand je voudrai nous recommencerons.

GUSTAVE.

Je crois rêver... la fortune propice
Vient me sourire; après cette leçon,
J'ai cent pour cent pour moi de bénéfice...
Ah! quel bonheur! j'en perdrai la raison!...

GUSTAVE, à Piffart.

Mon cher ami!

DE KERNONEK, à Gustave.

Mon cher gendre!

ESTELLE.

Quel bonheur!

LABOURDINIÈRE, à Piffart.

Monsieur, toutes les actions sont placées.

PIFFART.

C'est juste, voici les vôtres.

LABOURDINIÈRE.

Merci. (A part.) J'ose dire qu'elles ne sont pas volées.

PIFFART, à Gustave.

Eh bien! mon ami, voilà une belle affaire, et maintenant à une autre.

GUSTAVE.

Non, non, j'en ai assez; j'ai eu trop peur, et comme tu disais ce matin : la roche Tarpéienne...

PIFFART.

J'entends.

GUSTAVE.

Il faut bien de la sagesse, maintenant, pour se faire pardonner un pareil bonheur.

PIFFART.

Laisse donc! avec de pareilles idées, tu végéteras toute ta vie.

GUSTAVE.

Et toi, tu te ruineras.

PIFFART.

C'est possible; mais cela coûtera cher à bien du monde; en attendant, voilà toujours plus de six cent mille francs réalisés.

GUSTAVE.

Quoi! tu as vendu aussi?

PIFFART.

C'est plus prudent; on joue sur le velours, et quelque belle que soit l'affaire, demain, sans doute, ces messieurs ne auront fait autant.

GUSTAVE.

Dis-moi donc, en fait d'actionnaires, quels sont ceux qui gagnent?

PIFFART.

Ceux qui ne le sont plus.

LE CHOEUR.

Honneur à lui! que Plutus le bénisse! etc.

TABLE

	Pages.
Madame de Sainte-Agnès	1
Aventures et Voyages du Petit Jonas	61
Les Héritiers de Crac	141
La Famille du Baron	185
Les Actionnaires	255

Paris. — Soc. d'imp. P. DUPONT, 41, rue J.-J. Rousseau, (Cl.) 203.10.81.

www.ingramcontent.com/pod-product-compliance
Lightning Source LLC
Chambersburg PA
CBHW060639170426
43199CB00012B/1607